이런 게 행복

최학용 수필·詩 선집

교음사

책을 내면서

은혜와 감사의 문학 여정

이제 80 성상을 넘어 삶의 굽이 길에 섰습니다.

병원을 드나들며 어려운 날들이 많았고, 이제는 정신이 혼미해지거나 생각이 희미해지는 순간들도 있습니다. 하지만 깊은 골짜기 속에서도 제 영혼을 깨우고 일으킨 것은 바로 '글쓰기'라는 집념이 있었기 때문입니다.

순수한 감성이 싹트던 중학교 시절 숙제로 쓴 글이 교내 신문에 난 것을 보고 새로운 세상을 보는 것같이 즐거웠습니다. 씨앗은 성장을 거듭하여 고등학교 때에는 학교 신문 기자로 활동했습니다.

대학은 간호학을 전공했습니다. 교사, 아내, 어머니의 역할을 이어가며 펜을 놓았던 세월이 길었습니다.

아들딸이 한창 공부할 나이에 위암으로 대수술을 받았습니다. 남편을 비롯한 온 가족이 지극정성으로 돌봐주어 힘들고 어려운 시간을 견디어 냈습니다. 28년이 지난 지금도 어려움이 많습니다.

나이 들수록 듣지도 보지도 못했던 베토벤의 위대함에 감복하며 들을 수 있고 볼 수도 있는 저는 '행복의 펜'으로 써야겠다는 자극을 받았습니다.

가슴속에서 꿈틀거리는 투병의 사연들, 양가 부모님들, 남편, 사랑하는 양쪽 형제자매, 손주와 손녀들의 생활은 창작의 샘이 되어 주었습니다.

아들 모교인 연세대학교 사회교육원 문창과에서 다시 펜을 들고 1997년 『문예사조』에서 등단하고, 고대 평생교육원(수필반)을 10여 년 다니면서 2009년 월간 『수필문학』에서 수필로 등단했습니다.

첫 수필집 『비취반지』(2015)와 『50년만의 주례사』(2018) 두 권의 수필집을 출간했고 시집 『학의 이름으로 지상을 날다』(2021)를 출간했습니다.

보잘것없는 제 일상의 기록들이 누군가에게 삶의 위

로가 되기 바라는 마음입니다. 지금까지 창작했던 수필과 시를 모으고 여러 문학지에 보냈던 신작들을 엮어 선집(選集)을 발간하면서 제 문학 인생의 여정을 마무리하고자 합니다.

낙서처럼 기록했던 그때그때의 감회와 짧은 단어들 속에는 비록 묘사를 정리하는 솜씨는 미숙할지 모르나 사랑과 기도가 담긴 수필과 영혼을 향한 깊은 시의 갈망이 녹아 있습니다.

지혜의 얕음을 알면서도 성령의 미세한 속삭임과 감화에 기대어 미숙한 글을 세상 빛 아래 내어놓습니다.

회고컨대, 삶의 험준한 모퉁이마다 그림자처럼 동행하시고 보잘것없는 저에게 은총을 허락하신 하나님께 감사드립니다.

노년에 일상의 모든 것을 도와주고 대신해 주는 사랑하는 남편 윤백중 박사에게 한없는 감사를 드립니다.

변함없이 힘이 되어 주고 기쁨을 주는 아들과 며느리, 딸과 사위, 글의 영감을 주는 손주들에게도 감사의 마음을 전합니다.

펜을 벗 삼아 살아온 긴 세월 동안 저는 창작하는 글로서 세상의 빛과 그림자를 담고자 했습니다. 여러분의 따뜻한 눈빛이야말로 제 글쓰기에 영원한 동력이었음을 고백합니다.

이 수필과 시 선집을 통해 잠시라도 영혼의 쉼을 얻기를 소망합니다.

글쓰기 지도를 해 주신 고 강석호 회장님과 오경자 교수님께 감사드립니다. 월간 『수필문학』 강병욱 대표님께 감사드립니다.

2026년 병오년(丙午年) 1월

저자 최학용(崔鶴鎔)

이런 게 행복

• 차 례

• 책을 내면서

1부 수필

2부 시詩

1

수필

자연과 만남

입추가 지난 지 3일째다. 벌써 아침저녁 공기가 다르다.

연일 폭염주의보에 온 국토가 열기로 가득하더니 폭염은 사라지게 마련인가 보다. 어쩜 24절기는 이렇게 확실한지. 조상들의 지혜가 늘 돋보인다.

창을 열고 잠을 청해 본다. 밝은 보름달이 내 창가에 머물러 잠을 방해한다.

손녀 혜원이 네 살 때 생각이 난다. 아들이 영국 런던 옥스퍼드대 우주 천문학 연구원이던 시절, 아비를 따라가서 머무를 때였다. 창문에 비친 환한 달을 가리키며 "할머니 저 달이 한국서 본 그 달이에요?"라고 물었다. 그때 그 달도 보름달이었다. 네 살 적 어린 마음에도 둥근달을 바라보는 마음의 여유가 있었는데, 혜원이는 이제 어엿한 고교 2학년, 공부에 시달리는 현장에 있다. 지금은 달을 보아도 그런 낭만이 공부에 밀려 사라졌을까? 공부에 바빠도 마음만은 쫓기지 않기를 바라는 마음이다.

귓가에 들리는 풀벌레 소리 중 귀뚤귀뚤 귀뚜라미가 운다. 틀림없는 귀뚜라미 울음소리다. 지구가 온난화로 변해 가고 있다니 절기의 특성이 사라질까 두렵다. 우리 자손들이 살아가기 편한 지구가 되기를 간절히 기원한다.

올해 피서지는 전철로 편히 갈 수 있는 경기도 양평군 양평으로 정했다. 서울서 가깝고 온천도 있기에 가끔 가는 곳이다. 남한강 식수보호지역으로 정해진 청정지역이다. 반딧불이가 서식하는 곳이기도 하다. 서울보다 2도, 3도쯤 기온이 낮음을 금방 피부로 느꼈다. 맑은 공기 덕분인 것 같다.

2일째 되는 날, 용문산 계곡에 발을 담갔다. 피서 중 가장 확실한 피서를 했다. 계곡의 물 그리고 용문산에서 흐르는 물이 폭포처럼 소리 내어 넘치며 흐른다. 가뭄에 왔을 때와 많은 차이를 보였다. 얼마 전 폭우가 쏟아질 때 평상을 치우려던 두 사람이 떠내려가는 사고가 방송에 보도되었다. 화면에 비칠 때 보니 우리가 머물던 그 자리였다. 집중 폭우의 위력을 본 셈이다. 소름이 돋았다.

용문사 앞 수령 1100년이라는 은행나무 있는 곳에 갔다. 지금도 가지가 꺾어질 정도로 은행이 달렸다. 매해 여덟 가마니의 은행을 수확한다니 놀랍다. 사람으로 치면 몇 살까지 자손을 번성시킨다는 말인가? 우리 아파트 단지에 수령 400년인 은행나무가 있는데 열매를 한 번도 맺지 않았다고 들었다. 나무의 암수 차이가 이렇게 극명한 것인지?

만약 우리 단지 내의 은행나무에서 열매가 달린다면 열매 익을 때의 냄새로 주민들이 얼마나 들끓었을까? 아마 그래서 재개발할 때 나무를 보존했을 거란 추측이 간다. 열매는 안 맺어도 얼마나 큰 몫을 하는지 모른다. 그늘을 제공하고, 공기를 맑게 정화해 주고, 늠름한 활기를 주민들에게 주지 않나? 오늘 아침에도 은행나무 아래서 운동을 하고 기를 받으며 하루를 시작했다.

서울로 오는 길엔 경기도 양수리 소재 세미원에 들렀다. '물을 보며 마음을 씻고, 꽃을 보며 마음을 아름답게 하라'는 뜻으로 지어진 이름이라 했다. 더위에도 많은 사람들이 구경하며 더위를 잊고 있었다. 마침 몇 번 왔어도 처음 접하는 행운을 얻었다. 국보 180호인 추사 김정희 선생의 세한도를 상세히 설명해 놓은 '약속의 정원'을 둘러볼 기회를 접했기 때문이다.

대학자이신 김정희 선생이 억울한 누명을 쓰고, 우리나라 맨 남쪽 제주도 끝자락 대정 고을에서 귀양살이를 하게 되었다. 말이 바다인 제주도지 바다를 바라보지도 못하는 유배지였다고 전해진다. 가시 울타리가 쳐진 외딴 초가집에서 외롭고 쓸쓸한 삶을 사셨던, 추사 선생의 공허하고 텅 빈 마음을 뻥 뚫린 가슴의 돌하르방을 통해 표현하고, '추사 하루방'이라 명명해 놓은 하루방이 있는데 모두 그곳에서 사진을 찍었다. 우리도 한 컷 포즈를 취했다.

조선 후기의 대표적인 서예가, 금석 학자, 실학자이시다. 충남 예산에서 이조판서 김노경의 맏아들로 태어나서 어린 시절부터 신필로 알려져 두각을 나타냈다. 1809년 생원시에 합격하고 1819년 문과에 급제한 후, 충청 암행어사 예조참의, 성균관 대사성을 거쳐 1837년에 병조참판이 되었으나, 반대파의 중상모략에 의해 1840년부터 1852년까지 제주도와 함경도 북청 등에서 유배 생활을 하였다. 유배 생활 중 본인의 심경과 제자 이상적에 대한 고마움을 표현한 걸작 「세한도」를 완성하였다. 그는 시와 그림 글씨 등의 예술 세계에서 천부적인 재능을 발휘하였으며 특히 서예는 독특한 추사체로 서예 사상 최고의 경지를 이루었다.

한옥의 아름다움과 추사 김정희 선생의 발자취를 느낄 수 있는 충남 예산 생가 고택도 가 보았고, 추사체 붓글씨도 배워 보았으나, 그의 자세한 삶에 대한 정보는 처음 접함이 부끄럽다. 예나 지금이나 이름이 나면 시기가 있고 어려움이 있는 법. 그래서 더 돋보이는 추사 김정희 선생을 세상 사람들이 귀히 여기는 인물로 꼽는지도 모를 일이다. 그런 역경 조건이 없었다면 과연 추사의 재주가 이렇게 뛰어났을까?

지난해에도 세미원에 들렀는데 풍성한 연꽃에 매료되어 탄성(?)만 지르다 사진 찍기에 바쁜 시간을 보내고 왔다. 이번 기회에

뜻있는 역사 공부를 제대로 한 셈이다. 지난해보다 한 달이나 늦은 때라 연꽃이 다 진 줄 알았는데 늦게 피는 연꽃 연못이 따로 있어서 그런대로 풍성한 꽃을 볼 수 있었다. 행운이었다. 연꽃 특유의 풍성함, 색깔과 줄기의 튼실함, 지구를 싸서 들고 다녀도 남을 듯한 커다란 잎, 모두가 보는 이의 마음을 넉넉하고 편안하게 해주었다. 늦은 점심 메뉴는 당연히 연잎밥이었다. 커다란 접시 위에 연잎 보따리를 풀 듯 펼친 연잎 속엔, 차진 찰밥에 은행, 작두콩, 밤, 대추 등이 들어 있었다. 입맛을 돋우어 주는 영양밥이었다. 집으로 향하는 발길에 힘을 실었다.

8월 20일까지 야간 개장도 한다고 홍보 중이다. 야간 경치도 볼거리일 것 같다. 조각가들의 조각품 전시회, 화가들의 연꽃 그림들이 전시되어 있어 풍성한 피서의 말미를 장식했다. 세미원, 내년에도 다시 가고 싶은 곳이다.

2017. 8.

50년 만의 주례사

수은주가 34도를 가리킨 푹푹 찌는 한낮이다. 아들 며느리가 큰 상자를 무겁게 마주 들고 들어선다. 이 더운 날 뭘까? 전축이란다. 최신형 전축이다. 저희들이 가지고 있는 오디오 시설이 좋다 했더니 엄마에게 음악 감상실을 마련해 주고 싶어 했다. 엄마는 있는 것도 치워야 될 나이라며 말렸는데, 많이 축소해서 조촐한 것으로 장만한 듯했다. "뭘 이렇게 애써."라고는 했지만, 신경 써 주는 것이 고맙고 기분 좋았다. 얼마나 바쁜 아들 며느리인데…. 이런 일에 신경을 쓰다니 미안하기까지 했다. 라디오는 물론 CD, USB, LP판 라디오 등 복합적인 기능을 가진, 간단하면서도 내실을 기한 기계였다. 아들의 자상한 설명은 시작되고 벌써 조용한 클래식 음악이 흐른다. 더위까지도 멀리 사라지는 기분이다. 참 좋았다. 방안은 금방 음악 감상실로 변했다.

독일제 듀알 전축, 구룬디히 라디오를 1966년에 사서 지금까지 가지고 있었다. 오래되었어도 비싼 값을 치른 세계적인 상표기에 지금까지 모셔(?) 두고 있었다. 앰프는 다 녹아서 버렸다. 오히려 퇴직 후 장만한 국산 전축은 요긴이 써왔다. LP판도 제법 가지고 있다. 결혼할 때 남동생이 가지고 싶다며 두고 가라고 했다. 그때 음악 감상에 대한 꿈으로 부풀어 있었기에 동생의 애원하던 마음을 거절했다. 혼수 제1호로 여겨 우아하게 차려놓고 많이 사용하려던 계획은 마음뿐 일상에서 음악 감상의 시간 여유는 주어지지 않았다. 직장과 살림을 병행하며, 육아에, 시부모님 병환 간호, 그리고 본인의 중병치레까지 하느라 몇 번 꺼내 보지 못했다. 동생이 그렇게 원했는데도 안 주고 묵힌 못된 누나가 나인 것을 요즘 반성한다. 동생 보기에 면목이 없다.

1969년 12월 6일, 오후 3시 종로5가 이화예식장에서의 결혼식. 실황 녹음판을 가지고 있었는데 한 번도 들어볼 기회가 없었다. 50년 전 부모님 결혼식이 궁금했던지 어서 들어보자며 서두르는 아들 며느리, 그 신랑 신부인 우리 내외는 멋쩍기 한이 없었다. 이화예식장 실황 녹음판이 벌써 아들 손에 의해 턴테이블에 올려졌다. 신랑 윤 군과 신부 최 양이라는 주례사의 시작 멘트에 우리는 동시에 소리 내어 웃었다.

요즘은 주례사가 짧거나 생략 혹은 덕담으로 순서를 메우는 추세이지만, 당시 주례사가 어찌나 길던지 그때는 귀에 아무 소리도 들리지 않았다. 지금 들으니 정말 영양 만점의 당부가 담긴 주례사였다.

주례 선생님은 신랑의 은사이신 전 통일부 장관 유상근 장로님. 그 후 명지학원 재단 이사장을 지내신 분이시다. 부모님 공경하고, 현모양처로서 할 일을 조목조목 일러주셨다. 신학 박사답게 성경 구절을 인용, 평생을 하나님과 함께하라는 당부도 있었다.

손녀딸 혜원 지원이가 모두 명지초등학교 졸업을 했음도 인연이란 생각이 든다. 그때 오셨던 하객들은 세상을 많이 뜨셨고 양가 부모님도 안타깝지만 우리를 두고 떠나신 지 오래다. 하객 여기저기서 하는 얘기 중 생각나는 말이 있다. 12월 6일 추울 때인데 하객들이 겉옷(두루마기 입은 사람이 많았음)을 벗어 들 정도로 따뜻했다. 그래서일까? "신부가 마음이 따뜻한가 보다."라는 말이 들렸다. 그리고 "신부가 너무 말라서 아기를 낳겠느냐."며 '개미허리인 신부가 아기 낳으면 내 손에 장을 지진다'는 약속까지 하는 말에 어이가 없었다. 너무 심하다는 생각을 떨쳐 버릴 수가 없었다.

신부를 걱정해서 한 대화리라. 신부를 위해 더 기도해 주지 않았을까? 그런 생각으로 위로를 삼았다. 신부 체중 38kg에 허리가 23인치. 그런 걱정을 할 만도 했다. 드레스도 허리 맞는 게 없어서 맞춤으로 했고, 신랑의 키가 작아서 하이힐 대신 실내화를 구해서 신었던 기억들이 되살아난다. 그런 신부가 튼실한 아들과 예쁜 딸을 낳았다면 어떤 반응일지 궁금하다. 신랑은 처가의 심한 반대를 무릅쓰고 성혼한 기쁨을 여행 떠나기 전 남산에 올라 '내가 승리했노라'고 허공을 향해 외치던 메아리가 지금도 귀에 들리는 듯하다. 요즘처럼 외국으로 신혼여행을 가고 국내 여행도 여러 날 휴가를 낼 수 있던 때가 아니었다. 여행지는 주로 온천이었다. 우리 신혼여행지도 온양 온천이었다. 신혼여행 기간 동안 내가 맡은 일을 대신할 친구를 구해 놓고 고작 2박 3일 다녀와서 근무했다.

첫날 밤, 다음 날 아침이다. 창문을 여니 눈이 무릎에 찰 정도로 많이 쌓여 있었다.

"신혼 첫날 눈이 많이 내리면 부자 된다."고 하는 말을 들은 적이 있다. 그 말을 믿었다. 싫지 않은 말이었다. 축가 시간엔 재직하고 있는 학교 오케스트라 단원들이 웅장한 팡파르를 울려주었다. 지금 학생들의 이름은 기억 못 하지만 시간 내서 귀한 축하를 해준 제자들을 한번 불러 모으고 싶다. 그때 얘기를 나누며 흐뭇한 잔치를 베풀어 주고 싶은 마음 가득하다. 그때는 피로연을 선물로 대신하던 때였다. 그런 데다 늦은 점심시간이었다. 빵(카스텔라) 한 상자씩 손에 들려 보냈는지? 식사를 챙겨 주었는지는 기억에 없음이 유감이다. 시골서 오신 하객들과 학생들은 식사 대접을 한 걸로 기억한다는 신랑의 말을 들으니 다소 위안이 된다.

그래도 잔치는 배불리 먹고 즐기는 게 아닌가? 그런 서운함이 지금의 너무 성대한 피로연으로 변질된 것은 아닌지?

50년 전 결혼식 장면을 녹음으로 들으며 많은 생각을 떠올린 이례적(?)인 날이었다. 더위도 잊은 채 아들 며느리와 경건한 시간을 가진 행복한 순간이었다. 아들 며느리는 새삼스럽게 생각지도 못했던 엄마 아빠의 주례사를 듣고 무슨 생각을 했을지 궁금하다. 우리 내외가 만나 연을 맺어 1남 1녀를 두고 지금 그 애들이 또 둘씩 자식을 두었으니 귀한 손녀 셋에 손자 하나, 우리 식구가 열 명이 되었다. 그런데 친손자를 얻지 못한 게 한편 섭섭하다. 우리가 받는 아들 며느리의 효도를 아들은 못 받겠구나 하는 생각 때문이다.

우리가 자식들의 울타리더니 점점 아들딸이 우리의 울타리가 되어 주니 든든하다. 결혼식 사회를 맡았던 남편 친구는 지금도 귀한 일로 사회에 봉사 중이고, 양가 대표 인사말을 해주셨던 작은아버지는 5년 전 세상을 떠나셨다.

놀이동산보다 신나는 우리 가정의 울타리는 우리 열 명이 지킨다. 우리 가족 파이팅!

2017. 8.

나이스 샷

누에가 뽕잎 먹는 소리처럼 사각사각 가을이 달려온다. 새벽 4시부터 잠을 설치고 6시에 집을 떠나 7시에 해장국집 '뚜가리'에 도착. 올갱이국 한 그릇으로 에너지를 담는다. 광릉 골프장에 오른 시각 8시. 선크림을 신경 써 바르고 준비하고 나선 라운딩 시간은 8시 30분. 동쪽을 향해 눈부시게 떠오르는 태양을 한 아름 안고 달려왔다.

동반 플레이어는 초등학교에서 40년을 근무하고 퇴직을 했지만 아직 체구도 당당한 선생님과 똘똘하고 날씬한 50대 여행사 여사장 그리고 동향 동갑내기 한의사 사모님이다.

앞바람이 세차게 불어 모자도 벗길 정도다. 치는 공의 방향도 방해한다. 지난주 느낀 바람과는 완연히 다르게 시원하기까지 하니 가을임을 피부로 느낀다. 이슬이 내린다는 백로도 지나고 추분이 얼마 남지 않았다. 그토록 이글대던 태양도 계속되던 장마도 가을이란 계절 앞에선 항복을 한 셈이다. 열대야는 어디로 도망치고 새벽녘엔 두꺼운 이불 한 자락이 당겨진다.

맑은 하늘 동쪽으로 32킬로미터나 달려왔건만 여기서도 남산 타워가 확실히 시야에 들어온다. 아주 쾌청한 날씨에나 볼 수 있는데 오늘 행운을 잡은 셈이다.

좋은 날씨에 '나이스-샷'을 외치며 서로를 격려하고 홀마다 즐거움은 더해진다. 오늘은 캐디도 없이 카트 끌며 골프채 챙기랴 배로 바쁜 날이다. 걸으며 신경을 쓰니 시장기를 쉬 느끼는지라 간식 보따리에 손이 자주 간다. 먹는 즐거움까지 더해서 금상첨화인 셈이다.

하늘만 보이는 산속, 병풍을 두른 듯한 산과 울창한 나무들, 다람쥐와 청설모도 도토리 잣을 모아 겨울 준비하기에 분주히 오간다. 새들의 지저귐도 여기 와야 듣는 청량제다. 연못서 내뿜는 분수며 수련과 연꽃, 운동을 즐기며 얻는 특별 보너스다. 익어가는 사과 대추도 풍성한 마음을 그리고 눈까지도 즐겁게 한다.

대추와 사과가 붉어질 때까지 얼마나 많은 태양을 머금고 온갖 비바람 벼락을 견뎌냈을까? 자연에 대한 찬사를 어찌 말로 표현하겠는가? 즐겁지만은 않은 것은 새 공을 물에 빠뜨리거나 벙커(모래밭)에 넣었을 때다. 연습 부족의 소치라 여기고 반성도 해 본다. 20년의 구력도 상관없다. 마음대로 안 되는 것 중 한 가지는 골프라는 것을 실전서 실감한다.

40그램 무게의 공이 날아가 사뿐히 보내고자 하는 페어웨이에 안착할 때 쾌감은 정말 기분 짱이다. 지름 10.8센티 구멍에 공이 굴러 들어가며 내는 땡그랑 소리. 먼 거리서 넣을수록 땡그랑 소리의 울림은 그 순간 스트레스를 모두 날려 버린다. 이런 맛에 골프를 한다고 해도 지나친 말이 아니다. 거듭하다 보면 홀인원도 나오겠지?

골프는 나에게 일상에서 탈출하는 자유와 함께 처음 만난 신천지다. 골프를 하면서 느끼는 몸의 기쁨은 진정 마음으로 기쁨이 전해지기에 매력을 더한다. 스코어에 매이지 않고 즐겁게 한 홀씩 돌다 보면 아쉬울 때가 마지막 홀이다. 더 신중하게 칠 걸 지나온 네댓 시간을 반성한다. 인생도 지나온 세월이 아쉽고 후회가 많듯 인생을 배우는 운동을 즐길 수 있음에 감사한다.

뜨거운 물에 들어가 피로를 풀고, 입맛 따라 늦은 점심을 먹는다. 밥맛은 꿀맛이다. 식사 중 나의 남편이 화제에 올랐다.

남편이 같이 나가지 않을 땐 별도의 격려금을 주는 일. 남편이 동반플레이 할 때 버디를 잡으면 한 번당 10만 원씩 주는 룰을 정해 놓은 게 너무 멋진 일이라고. 늘 아픈 아내가 운동할 수 있을 정도로 회복해 가는 게 감사하다며 정해 놓은 룰이다. 이렇게 밀어붙이기식 격려는 이제 거의 정규일이 고정되어 있다. 늘 맑은 공기 속으로 몰아 건강케 하기 위한 배려임을 안다. 나에게 이런 격려가 남편에 대한 감사로 변하니 감사도 전염되는가 보다.

새벽에 단잠을 깨어 골프채를 실어주며 '나이스 샷'을 빌어주는 동반 플레이어의 남편들도 일등 남편이기에 감사의 박수를 보낸다.

오는 차 중에서 노래도 부르고 얘기도 나누며 다음을 약속했다. 다음 부킹은 다음 월요일. 이곳 산속에 펼쳐질 가을 경치를 만끽해야지! 봄, 여름, 가을, 겨울, 철마다 다른 맛을 선물하시는 하나님께 영광을.

이 가을도 빠르게 내 곁을 스쳐 지나가고 또 어김없이 봄, 여름이 왔다 갈 것이다. 골프의 마지막 홀을 좀 더 잘할 수 있지 않았을까, 하고 돌아보듯 삶의 자취를 그렇게 아쉬움과 후회로 얼룩지지 않게 최선을 다해서 진정 '나이스 샷'을 날려 보리라. 앞으로는 모두 '나이스 샷'.

『수필문학』 2009. 11월호 천료작

마음으로 기쁨이 전해지는 글

수필은 자신의 체험을 바탕으로 해서 글을 쓴다. 사실 우리가 살아가는 일상생활의 순간순간이 체험의 연속이다.

문제는 그 많은 체험을 어떻게 쓰느냐는 것이다. 일어났던 일 그대로를 이것저것 지면에 풀어놓는다면 사실 그것은 기록물에 불과하다.

그것이 문학으로 승화하기 위해서는 일상의 경험을 수집하고 간추린 다음 마음에 품고 버무려서 숙성을 시켜야 한다.

고두밥과 누룩이 섞여 술로 빚어지는 과정처럼 자신의 경험이나 일상을 글로 써내는 데는 그만한 숙성기간이 필요하다는 얘기다.

최학용의 「나이스 샷」은 위에서 언급한 수필의 속성에 대해 한번쯤 되돌아보게 하는 글이다. 작자는 골프에 아주 취향이 높다. 그 재미에 빠져 산다. 그것을 글로 표현하고 있다. 필드에 나가 공을 치는 쾌감이 일상에서 탈출하는 자유와 함께 신천지로 느껴진다. 그런 자신의 인생 찬가가 잔잔한 필치로 잘 그려져 있다. 작자는 말한다.

> … 삶의 자취를 그렇게 아쉬움과 후회로 얼룩지지 않게 최선을 다해서 진정 나이스 샷을 날려 보리라. 앞으로는 모두 나이스 샷.

결말 부분이 아주 좋다. 나름대로 공들이고 노력한 작품이다. 그러나 글을 읽고 난 다음에 남기는 진한 메아리 같은 것이 덜한 약점이 느껴진다. 좀 더 여운을 남기는 글을 쓰기 위해 더욱 분발해 주기를 바란다.

(월간 『수필문학』 등단추천심사위원회)

가을 운동회

무더위는 물러갔다. 그래도 한낮의 뜨거운 태양은 간간이 부는 가을바람을 무색하게 했다. 10월 3일 개천절이면서 손녀 혜원이의 가을 운동회 날이었다. 벌써 여러 날 전부터 운동회에 오라는 초대를 받았다.

남편과 나는 본인 사망 외엔 펑크 내면 안 된다는 골프 약속도 취소하고 무언가 들뜬 마음으로 손녀 학교로 향했다. 혹시 애들이 추울까 해서 얇은 무릎담요도 준비하고 더운물과 과일을 싸서 싣고 갔다. 부지런히 도착하니 입장식을 마치고 1학년이 게임 순서를 준비하고 있었다. 비탈진 언덕을 올라, 나무가 무성한 운동장. 가을 하늘에 색색이 날리는 만국기가 운동회 분위기를 한껏 돋운다. 중앙 아치엔 '명지 한마당'이라 쓰여 있고, 아치 아래 청백으로 나뉘어 앉은 전교생이 응원에 열을 올리고 있었다. 스탠드엔 청백의 옷 색깔로 구별된 학부모석이 눈에 들어왔다. 학부모들께도 이왕이면 복장에 신경을 써 달라는 전달이 있었던 같았다. 자녀 사랑하는 마음들이 모인 학부모들의 협조라 여겨졌다.

전화로 혜원네 식구들을 찾아 청군 학부모석에 식구가 나란히 앉았다. 혜원이가 할머니 할아버지를 보고 아치 우측 자리에서 손을 흔든다. “청군이 승리하라고 박수를 많이 보내줄게.” 하며 우리도 손을 들어 응수했다. 곧이어, 2학년 혜원이 학년의 70미터 달리기가 시작되었다. 자리에서 일어나 힘찬 박수로 응원했다. 손바닥에 불이 날 정도로. 혜원이가 네 명이 달려서 3등으로 골인했다. 네 명 중에 반대표 릴레이 선수가 세 명이나 있었다니, 아쉽다. 아니면 2등은 하지 않았을까?

순간, 아들(혜원이 아빠)의 초등학교 운동회 장면이 떠올랐다. 8명이 달리는 데 정말 죽기 살기로 달렸는데도 꼴찌로 골인했었다. 그때 왜 그렇게 안쓰럽던지 지금도 생각하면 마음이 짠하다. 아들이 많이 뚱뚱했었다. 아들과 엄마가 같이하는 마스게임 순서가 있었다. 마지막 퇴장할 때 엄마가 아들을 업고 나오는 순서에서 우리만 손을 잡고 나와서 운동장에 모인 관중의 웃음 섞인 박수를 받았다. 아들이 추계초등학교 1학년 때 일이다. 지금도 이 얘기만 하면 온 식구가 배를 쥐고 웃는다.

그다음은 혜원이가 아빠와 함께 하는 게임이다. 대형 훌라

후프를 뒤에선 아이가 앞에선 아빠가 잡고 운동장에 널려져 있는 공을 차서 골대로 많이 넘기는 팀이 이기는 시합이다. 학부모들을 많이 참석시킬 수 있는 좋은 발상의 종목이라고 생각했다. 또, 4명이 한 조가 되어 큰 공을 굴려서 반환점을 돌아오는 경기도 재미있었다.

혜원이가 좀 지친 듯, 우리를 향해 손을 자주 흔들었다. 나의 눈은 계속해서 혜원이가 있는 곳에 머물고 있었다. 얼굴이 빨개진 채 잘도 참는 모습이 2학년답고 기특했다. 학생들의 릴레이도 재미있었지만, 아빠들이 바통 대신 커다란 스펀지 봉을 안고 뛰는 모습은 멋진 볼거리였다. 자녀들의 운동회가 아니면 어디서 이렇게 마음껏 달려 볼 수 있을까. 아빠 선수들이 넘어지기라도 할 때는 아찔하기도 했지만 배를 쥐고 웃었다. 넘어진 아빠들은 아팠지만 관중석에선 엔도르핀이 팡팡 나오는 소리가 들렸으니 얼마나 유쾌한 일인가. 운동회에서의 절정은 줄다리기다. 청 백군 학생 학부모와의 줄다리기 순서다. 영차, 영차 응원의 함성은 교정을 뒤흔든다.

손녀의 운동회는 오랜만에 옛 추억의 보석 상자를 열어 보는 느낌이다. 우리 초등학교 때 운동회는 추석 다음 날이었던 것 같다. 햇밤이 나올 때다. 삶은 밤은 대단한 간식거리였다. 운동회를 마친 운동장엔 밤껍질이 흙에 바둑알을 박아 놓은 듯 반짝거렸다. 그때는 밤껍질이 쓰레기란 생각을 못했는지 요즘 같으면 생각지도 못할 일이다. 부끄러운 맘 한편 모자이

크 같은 운동장이 오버랩됨은 추억 때문일 거다.

점심시간, 온 가족이 둘러앉아 먹은 김밥도 별미였다. 며느리가 솜씨를 뽐낸 날이다. 식사를 하며 둘째 손녀 지원이와 함께 함성도 질렀다. 동심으로 돌아간 행복한 순간이었다.

오늘 운동회를 맞아 학부모들에게 개방하는 아이들 교실도 구경했다. 나의 아이들 초등학교 때와는 훨씬 달라진 교실 분위기였다. 막히지 않은 공간이면서도 산만하지 않게 꾸며진 현대감각의 교실이 맘에 들었다. 혜원이 일기가 전시물로 교실에 걸려 있는 것도 나를 기쁘게 하였다. 이렇게 좋은 곳에서 공부할 수 있도록 허락해 주신 하나님께 감사가 절로 나왔다. 마음이 흡족했다.

내년 지원이도 명지초등학교에 입학할 수 있어 다시 이 운동장에서의 운동회를 기대한다. 가을볕을 가득 받으며, 뜨겁게 운동장을 달군 응원만큼이나 신나는 운동회였다. 청군, 우리 혜원이 팀의 승리였다. 기분 좋은 하루였다.

『여울문학회』 2015.

눈이 내리면

눈 내리는 겨울이면 외갓집 생각이 난다. 겨울방학 때 외할머니 제사에 가던 어린 시절 그때가 참 좋았다. 엄마가 해마다 챙기시던 제사인데 지금은 제사도 날짜만 기억할 뿐 가지는 못한다.

외갓집 가는 날이면 머슴은 지게 바수거리에 제물을 잔뜩 싣고 우리 앞장을 섰다. 며칠 전부터 장만하신 엄마의 친정어머니께로 향한 정성의 음식이다. 지금은 우리 생가에서 차로 10분 거리도 안 되는데 그때는 한 시간은 족히 걷던 거리라고 생각된다.

한길을 지나가면 동네 상엿집을 지난다. 그곳을 지날 때면 왜 그리 무섭던지, 지겟다리를 잡고 뒤도 안 돌아보고 매달리듯 걸었다. 지름길인 데다가 찻길을 피해 한적한 길을 택한 길이 상엿집을 지나는 길이었다. 산속 길을 잘도 찾아간다 했더니 머슴이 우리 집에서 30년은 살았다니 당연한 길잡이였다.

엄마의 친정 가시는 발걸음은 빨랐다. 일 년을 기다리셨을 친정어머님 제삿날이었기에, 등에는 돌도 안 된 동생이 업히고, 동생들 셋과 함께 우리도 다리를 늘려 가며 신나게 걸었다. 귀를 가리는 모자와 털옷은 아버지께서 서울서 사 오셨다. 외갓집 가는 것이 유일한 나들이였을 때다. 지금 생각하니 온 산이 소나무였으니 '피톤치드'를 흠씬 맡으며 외가를 오간 셈이다.

외갓집 동네가 보이면 제일 먼저 지나는 곳이 큰 양조장 앞이다. 논을 따라 조금 가면 지금은 마을회관이 들어선 정자가 보였다. 여기서 왼쪽으로 꺾어 500m쯤 가면 홍 씨 댁 다음 그 동네서 제일 큰 대문 집이 우리 외갓집이었다. 대문까지 가기도 바빴기에 우린 쪽문으로 들어서며 우리 왔다고 외친다. 반기시는 외할아버지, 그리고 새외할머니, 외삼촌, 외숙모님 지금은 외숙모님만 그 터에 새로 지은 집에 살고 계신다.

꽁꽁 언 손발을 쩔쩔 끓는 아랫목에 꼭 잡고 녹여주시던 외할머니, 건넌방엔 먹을거리가 그득했다. 각종 엿이며, 한과, 홍시 등 대부분 우리 할머니가 늘 해주셨던 먹을거리였다. 우리가 가지고 온 제물들은 외갓집 식구들의 탄성과 함께 제사 준비할 과방으로 옮겨졌다.

양지바른 집 옆 밤나무 동산엔 엄마 조상님들 묘소가 나란히 있었다. 엄마 따라나서서 우리도 나란히 절을 올렸다. 이 동네는 공 씨 집성촌이다. 엄마 남동생인 외삼촌께선 부면장을 지내셨다. 옛날 집들은 사라졌어도 아직은 개발되지 않은 동네 모습이 남아 있다. 우리 생가 동네랑은 다르게 추억이 되살아나는 외갓집 동네 풍경이다.

그때는 눈이 많이 내렸다. 초가지붕과 온 동네 보리밭이며 마당이 눈 천지였다. 동네 강아지가 이리저리 뛰며 눈 덮인 깨끗한 천지에 발자국을 내는 게 아깝고 속상했었다. 강아지는 눈이 내리면 시야가 흐려진다는 말이 맞는 듯했다. 외갓집 방 안은 눈 내리는 날이면 어두컴컴했다.

동생들을 몰고 장독대에 나가 내린 눈을 두 손 가득 뭉쳐서 담에 던지던 놀이도 그 시절에만 해 봤던 잊을 수 없는 동생들과의 추억이다. 봄이 오면 매화, 산수유, 애기꽃이 뒤뜰에 가득했던 그 장독대는 그대로다. 마당에 나가 동네 꼬마들과 눈사람을 만들고 손발에 얼음이 박히도록 노는데 정신이 팔려 해 지는 줄도 몰랐다.

해 질 녘 자전거로 오신 아빠를 따라 아쉬운 놀이를 마쳤다. 아빠도 장모님 제사에 참석차 오신 것이다. 눈이 그치며 해가 반짝 빛날 때 애써 만든 눈사람은 녹아내리고 밀짚모자만 땅에 내려앉는다. 우산으로 해를 가리어도 오래가지는 못했다. 처마 끝에 달렸던 고드름은 태양에 비쳐 영롱한 보석처럼 빛을 발했다. 수정 고드름 노래가 콧노래로 나온다.

‘고드름 고드름 수정 고드름….’

추녀 밑 흙에 꽂히며 떨어지는 긴 고드름을 치마폭에 받아 깨물어 먹었다. 지금은 상상도 못할 고드름의 맛이었다. 공해 없던 시절이었기에 고드름도 따먹고 눈으로 빙수도 만들어 먹고 했지, 요즘 같으면 상상도 못할 일이다. 이렇게 눈사람과 고드름을 가지고 노는 동안 머슴은 집으로 가고 우리는 며칠씩 묵었다. 큰 외할머니댁, 작은할머니 댁을 돌며 인사를 여쭙던 기억, 짧은 다리로 시골집 대문턱을 넘기가 힘들었다.

12시 자정 조금 전, 제사상이 차려지고 놋대야에 찬물을 준비해 마루 끝에 놓는다. 제사꾼들이 도포와 갓 쓴 차림으로 얼굴을 씻어 잠을 깨우고 손을 씻는다. 외할아버지 오 형제분과 외삼촌들이 대청마루를 그득히 채우셨다. 축문 읽으시던 외할아버지의 구성진 음성이 어린 마음에 멋지다 생각했다. 외가가 공자의 자손들이심도 자랑스러웠다. 자정까지 눈을 비비며 기다리던 우리 꼬마들은 제삿밥 먹을 시간에 지쳐 잠이 들었다.

이런 일도 있었다. 제사상에 올렸던 오징어를 손에 들고 잠이 들었던 나. 아침에 일어나니 배가 온통 피투성이였다. 고양이가 오징어 냄새를 맡고 뺏으려 하고 난 잠결에도 안 놓으려 하자 발톱으로 할퀴고 씨름한 흔적이었다. 그런데도 깊은 잠을 자고 몰랐으니, 요즘 그렇게 깊은 잠이 그립다. 소풍 갈 때도 오징어 한 마리에 사이다 한 병이면 족할 정도로 오징어를 좋아했었기에 고양이한테 당한 사건이다.

우리 엄만 부잣집에 시집온 데다 엄마가 시집오신 후 우리가 더 부자가 되었다고 복 있는 며느리라고 동네 사람들의 칭송이 대단했다. 어른 공경은 기본, 도지사로부터 효부상도 여러 차례 받으셨단다. 어려운 사람들을 챙기시는 배려와 베푸시는 손길에 감복하신 어른들께서 우리 외가와 사돈을 맺으신 분이 몇 분 계시다. 걸인들을 위한 밥상이 사랑채 마루에 늘 차려져 있었던 일들이 우리가 보고 자란 엄마의 자비로우신 성품이다.

커서 안 일이다. 외할머님이 내 돌 무렵 돌아가시고 엄마보다 한 살 위인 외할머님을 어머니로 맞이하셨단다. 오셔서 사남매를 두셨다.

엄마가 시집살이하시면서 얼마나 일찍 가신 친정어머니인 외할머니가 그리우셨을까. 시댁에서의 일들, 우리 칠 남매를 기르시면서 얼마나 많은 얘기를 하고 싶으셨을 텐데. 환갑이 넘은 나이에 엄마가 저세상 가셨어도 안타깝고 보고 싶을 땐 가슴이 저며 오는데…. 잘 견뎌내신 엄마 생각하면 마음이 아프다.

새 외할머닌 우리에게 늘 자상하시고 따뜻하신 분이셨다. 우리 엄만 한 살 위이신 새엄마께 꼭 '어머니'라 부르셨다. 우리가 듣기에도 아무 어색함이 없이…, 지금 생각해도 어찌 어머니란 말이 나왔을까? 아주 공손히 어머님을 대하신 엄마의 성품이 숨어 있었기에 가능했으리라 믿어진다.

술과 소고기 육회를 좋아하셨던 외할아버지께선 갓 쓰시고 두루마기 차림으로 사랑채에서 동네 아이들에게 한문을 가르치셨다. 그 영향을 받아 엄만 한문을 많이 아셨고 고전을 즐겨 읽으시고 좋아하셨다. 엄마가 돌아가실 때까지 쓰시던 일기도 글을 좋아하셨기 때문일 것이다. 우리가 지금 안다는 한문도 그때 외할아버지께서 깨우쳐 주신 것들이다.

외갓집 동네서 나와 같이 놀던 친척 애들도 모두 나 같은 노인이 되었다. 어쩌다 결혼식 등에서 만나면 옛날을 얘기하며 정담이 계속 이어진다. 배불뚝이 밀짚모자 쓴 눈사람 만들던 얘기도 빠질 수 없는 추억 속의 메뉴다.

오늘 내린 눈의 양이 25.8cm. 103년 만의 기록이란다. 60년 전 눈 내리던 외갓집 동네 풍경이 바로 어제 일인 듯 눈앞에 펼쳐진다. 5년 전 하늘나라로 떠나신 엄마가 눈 속에서 미소 지으시며 외갓집 마당에 내려오실 듯 눈이 내린다. 펑펑.

『아시아문예』 2012. 겨울호

나의 자화상

얼마나 잤을까? 오늘도 변함없이 5시 전광판 시계에 눈이 간다.

"주님 오늘도 다시 기도드리게 하심을 감사드립니다. 동도 트기 전 학교로 향하는 석진이의 발길을 보호해 주시고, 저와 함께하셔서 늘 건강 지켜 주실 것과 온 가족의 평안을 빕니다. 거룩하신 예수님 이름으로 기도드립니다. 아멘."

매일 새벽 6시면 창문을 열고 학교로 향하는 아들에게 손을 흔들며 하는 기도다.

한 시간 더 일찍 나가는 남편. 이때의 기도도 간절한 기도다. 그 마음을 손가락으로 그린 V 자에 담아 전송한다. 과일 주스 만드는 기계의 소음과 조간신문 던져지는 소리가 새벽의 정적을 깨며 식구마다 시간이 다른 아침상을 준비한다. 오늘은 무엇을 해다 드리나? 간병 아줌마는 무엇을…. 2년째 중

풍으로 입원 중이신 시어머님의 병환으로 인한 깨져 버린 생활의 리듬으로 머리와 어깨가 무겁다. 내 부모와 그이의 부모를 구별하는 못된 내 자신을 반성하기도 하며 이렇게 허둥대다 보면 부엌에서 벌써 10시가 넘는다.

피곤이 몰려온다. 갈 곳도 할 일도 많은데 종종걸음으로 식구들 나간 자리를 정리한다. 해야 할 빨랫감도 많다. 파출부를 시켜도 내가 한 것만 못 해 하는 모난 성격 탓으로 고생이다. 운동모임, 장보기, 전화 걸기.

오! 하나님 제게 하루를 30시간으로 주실 수는 없는지요?

이런 기도가 나올 정도로 하루가 내 생애의 획을 긋는 순간이다. 피난민, 시누이 일곱, 가난뱅이, 이런 이유로 결사반대하는 결혼을 한 덕이랄까. 거미줄처럼 엉킨 일들 속에 어머니라는 이름 아래 강요되는 자발적 희생이 이런 감사를 말해준다. 나에게 사랑스러운 그이와 아들딸이 있기에.

내 아이들 이야기를 할 때마다 신나고 기분이 좋다. 공부 잘해 대학에도 척척, 겸손하고 검소하며 희생, 봉사정신이 뛰어나고, 예배 때 피아노를 반주하는 크리스천이기도 하다. 효성도 지극하여 엄마 수고한다고 어깨를 두드리는 사랑의 손길도 나를 기쁘게 한다. 늘 자기의 있는 곳을 전화로 알려주는 그이를 닮은 자상함도 사랑스럽다. 그래서 누가 묻지 않아도 그들의 얘기를 하고 싶을 때가 많다.

어떻게든 기회를 만들어 여행과 운동을 함께 즐겨 나를 기뻐게 해주려는 남편. 하고 싶은 것 거의 다해 가며 사는 생활의 여유도 감사의 원인이다.

어려운 생활 속에서 아이들을 기르며 했던 교직생활. 코피가 터지는 피곤 속에서도 집에 와서 아이들만 보면 새 힘이 솟아나던 그때. 나의 인생의 Golden Time이요, 절정기가 아니었나 싶다.

50줄에 선 나를 돌아본다. 얼굴에 훈장처럼 단 주름이며, 반백의 머리. 인생에서 겨울로 접어든 기분과 허무를 느낄 때도 때로는 있다. 그러나 세상의 모든 것이 바람에 날아가도 내일의 태양은 또다시 떠오르겠지.

두 아이의 진로, 결혼에 내가 무슨 힘이 되어줄까? 간절하고 끊임없는 기도밖에 무엇이 있을까? 주님께 모두 맡겨야지. 오! 주님.

해산의 고통에서 아이를 얻으면 세상에 사람 난 기쁨으로 인하여 진통은 다시 기억되지 아니하듯이 우리 기쁨이 다시 보이려니.

지금부터라도 알차게 살아보려는 의지와 사랑스러운 우리 아이들에게 신세 안 지고 건강히 독립해 살리라. 미약해도 그들에게 힘이 되어 주리라. 영원히 사랑하리라. 남은 생은 이렇게 지내고 싶다.

낳아 주신 부모님께 못한 효도도, 형제자매에게도 못다 한 사랑을, 이웃과 내 교회 성도들에게도 사랑을, 사느라 분주

속에 묻혔던 기억 속의 친구들도 꺼내고 싶다. 늘 쓰고 싶었지만 못 써 왔던 글들도 종이에 옮기고 싶다. 인간의 마음과 지성은 기만 특히 자기기만에 익숙하다 했던가.

물론 이것은 악의적인 것은 아니고 무의식적으로 그렇게 되는 것이지만.

돼지 세 마리

"꿀 꿀 꿀."

새까맣게 윤이 반질반질 흐르는 돼지 세 마리. 우리 안에서 금방 낳은 새끼 돼지답지 않게 이리저리 넓은 우리를 헤맨다. 수염을 길게 기르신 증조부께서 돼지를 쓰다듬으며 "이 돼지는 학용이 돼지다."라고 하셨다.

큰아이 가졌을 때다. 물 한 모금도 못 마시는 심한 입덧 때문에 직장도 쉬며 동학사 근처에 가서 시내 병원의 의사 왕진을 청해 링거액으로 버티고 있을 때 꾸었던 꿈이다. 모두 아들 낳을 태몽이라 했다. 그 이듬해 3월 27일 진통으로 입원했으나 계속 진통만 계속되었다. 난 몹시 지친 상태였다.

"아휴, 산모가 살아야지."

친정엄마께선 안타까워하셨다. 남들은 배 아프며 낳는다는데 배 아픔에 더하여 허리까지 심히 아픈 터라 남편이 얼마나 발꿈치로 밀었던지 허리가 손등처럼 부었다.

드디어 사흘 뒤 새벽 여섯 시. 72시간 진통 끝에 아들 분만. 1971년 3월 30일이다. 돼지띠인 건강한 아들의 탄생. 돼지 죽 먹이는 아침 시간이라 먹을 복도 있을 것이라고 했다. 독자인 남편에게서의 첫아들은 식구들의 큰 기쁨이었다. 아들은 이대 독자인 셈이다. 더구나 시누이가 일곱 명이나 되는 혈통으로 보아 아들 낳을 확률은 희박하리라 생각했었다. 출산 준비물도 다 분홍색으로 했었다. 아들이라는 소식에 남편은 나가더니 아직 문을 열지도 않은 통닭집에 가서 기다리고 섰다가 닭을 한 마리 사 왔더란다. 친정어머님께서는 제삿날인데도 못 가시고 병실을 지키셨다.

이렇게 요란스레 낳은 아들은 낳을 때 3.2kg에서 유치원 추첨 때는 유치원생들의 의자를 두 개 놓고 앉을 정도로 실하게 자라 다섯 살 때부터 버스 요금을 내야 했다. 초등학생인데 요금을 안 내려고 속인다는 안내양의 등쌀에 못 이겨서 말이다. 유치원에서 몸이 불편한 친구를 번쩍 안아서 자리를 옮겨 주던 힘과 마음 씀도 이때부터였다. 유치원 선생님께선 포동포동한 손이 귀엽다고 아들 손만 잡고 다니셨다.

초등학교 운동회 때였다. 엄마와 아이들이 함께 춤을 추고 마지막에 아이를 업고 운동장을 한 바퀴 도는 순서가 있었다. 물론 180명 중 우리 모자만 걸어가고 있었다. 무거워서 못 업었다. 관중들의 박수 소리가 부끄럽게 들렸다.

돼지띠답게 잘 먹고 잘 자랐다. 보리차도 맛있다고 엄마 어떻게 끓여서 이렇게 맛이 있느냐고 할 정도의 먹성은 놀랄 만했다. 고교 때 90kg이 훨씬 넘던 체구가 대학생이 되고 군에 입대하면서 살이 빠지더니 지금은 보기 좋게 균형 잡힌 멋있는 장래 신랑감이다. 또 천체 우주학을 연구하는 천문학 박사의 꿈을 꾸는 석사 과정 수업을 열심히 받고 있기도 하다. 2년 차이 여동생과는 너무너무 잘 어울리는 오빠다. 이렇게 자랄 때까지는 어려움도 많았다. 직장에 다니며 일하는 사람에게 맡겨야 했다. 아이들은 엄마와 종일 떨어져 있음을 늘 아쉬워했다. 주일날 엄마가 집에 있으면 지나가는 엿장수에게 "아저씨 우리 엄마 집에 있어요."라고 외치며 따라 다녔다.

내가 근무하는 학교서 하기식에 나오는 애국가만 들려도 엄마 퇴근 시간인 줄 알고 쪼르르 학교 정문 앞에 와서 앉아 있어 처량하기까지 했다. 그 남매가 지금은 어엿한 성인이 되어 엄마 아빠가 늙어가는 모습을 안타까워하며 어깨를 주물러 주고 모든 것에 감사할 줄 아는 신실한 크리스천이 되었다. 중·고등학교를 기독교학교에 다니면서 싹튼 믿음이 지금까지 잘 자라 주었다. 하나님을 사랑하는 사람의 마음은 항상 봄이라 했던가? 모두 다 하나님께 감사드릴 뿐이다.

개인은 인간 교제라는 여과기를 거쳐 인격의 대성을 이룬다 했다. 모든 세상사의 과정을 겪는 동안 빛과 소금의 역할을 하는 자리에 서기를 바라는 마음이다. 언제나 남매를 바라보면 신선하고 아름다운 감동이 영원히 식지 않기를 기도한다. 남매의 진로와 배우자를 고르는 데도 하나님의 간섭하심을 원한다.

돼지꿈을 태몽으로 꾼 아들과 보석 반지를 태몽으로 꾼 딸을 낳은 후 재산도 모이고 모든 일이 순조롭게 잘 풀려나갔다. 태몽에서 보인 돼지 세 마리가 아들 삼 형제를 주신 것인데 아이를 낳으려다 말았다고 시어머님께선 많이 아쉬워하셨다. 그 말씀도 맞는다 생각했지만 남매로 만족하기로 했다. 하나님께서 주신 최상의 선물이기에.

어렸을 때 돼지 새끼를 낳으면 증조부께서 사랑방에 큰 바구니를 놓고 그 안에 돼지 새끼를 담아 놓으셨고 우리들은 안채에서 자다가 모두 사랑으로 나가 돼지 새끼 구경에 밤을 새웠다. 돼지 발목에 우리들의 이름이 붙여졌다. 이 돼지가 자라서 장에 팔리면 우리들에게 용돈으로 주시던 생생한 추억이 아들의 태몽과 함께 되살아난다.

『문예사조』 신인상 당선. 1997, 통권 85호

심사평

최학용의 「돼지 세 마리」.

절로 미소가 지어지는 작품이다. 모든 것이 소원대로 이루어지면 도리어 불안해지기도 하는 것인데 여기서는 그런 불안이 말끔히 가셔져 있다.

인생을 관조하는 면에서는 약간 약점이 없지도 않으나 문장의 흐름이 매끄럽고 주제 의식이 뚜렷하여 충분히 선에 들 수 있는 작품으로 생각된다.

앞으로 보다 문학성이 있는 작품도 쓸 수 있을 것으로 생각한다.

문장을 쓰는 기초가 확고한 것을 알 수 있다. 앞으로 더욱 기대를 걸어 보겠다.

– 심사위원 조봉제, 채수영

엄마 사진

청명한 가을 하늘 아래서는 모든 게 그립다. 육필로 쓴 편지에 그리움을 담아 빨간 우체통에 넣고 싶은 계절이다.

며칠 전 반가운 편지 한 통을 받았다. "너무 소중해서 보관했던 사진이다. 엄마와 함께한 소중했던 시간들이 맘속에 그려진다. 아버지 보여 드리면 기억하실까?"

한 편의 시 같은 귀한 편지였다.

2005년 하늘나라로 가신 엄마의 친정 숙모님, 우리에겐 막내 외할머님이 보내신 사연이었다. 아버지는 엄마 사진을 금방 알아보셨다. 손에 꼭 쥐고 계셨다.

동봉된 엄마 사진!

곱디고운 청순한 눈매, 미소가 가득 담긴 갸름한 얼굴, 우리 엄마 19세 때 사진이었다. 아버지와 결혼할 때 주고받은 사진이라 하셨다. 이 사진을 보시고 반하셔서 청혼을 하셨을 아버지. 그러니 75년 전 엄마 모습이다. 엄마는 20세에 19세인 아버지와 결혼, 엄마 시집오신 후 우리 집이 더 부자가 되었다고 했다. 그래서 엄마를 복덩이라 불렀다고 한다.

4남 3녀 칠 남매에 손자 손녀 열여덟 명으로 번성시키셨다. 평택 시골집 대청마루 액자에 걸렸던 사진 중에도 같은 사진이 걸렸었다. 훌쩍 지난 세월 속에 묻힌 일들이 참 많았다.

순간 머리를 스치는 필름 속에 담긴 엄마를 회상한다. 엄마보다 5년 아래이신 외할머님이 엄마와 친하게 지내시더니 사진을 여태까지 지니시다가 “내가 언제 갈지 모르니 네게 보낸다.” 하셨던 사진이다. 긴 세월 갖은 풍파 속에서도 조카딸의 사진을 그대로 간직하신 게 감사하고 가슴 뭉클했다.

삶 속에서 희미해져 가는 엄마를 이렇게 끝까지 내 가슴에 전해 주시다니! 누구에게나 진심과 사랑으로 대하시는 우리 외할머니시다. 엄마께선 외할머님께 삼 일이 멀다 하고 전화를 하시고, 일주일에 한 번씩은 편지를 보내셨다. 엄마가 첫 아들인 오빠를 임신하고 친정에 가 계셨다. 새색시로 시집와서 한 집에서 정이 들었다고 하셨다. 조카딸인 엄마가 20세 새댁, 작은엄마가 15살 새댁 시절이었을 때 서로 의지하며 지냈다. 집 앞 목화밭에서 목화 따며 장난치고 웃다가 목화 담은 바구니를 쏟아 하얀 목화솜에 묻은 지푸라기를 털어내느라 혼이 났다고 한다. 그래도 그때가 행복했다고 하셨다.

오빠가 외가에서 튼실하고 잘생긴 외손자로서 재롱 충실했던 얘기도 들려주셨다.

엄마 임종 3일 전 외할머님이 엄마를 보러 평택서 올라오셨다. 통곡 속엔 옛날의 일들이 필름처럼 지나고 있었음을 짐작했다. 그때 서로 대화도 못하고 헤어짐이 마지막이었다. 새벽기도까지도 몇십 년을 해오셨는데 요즘 거동이 불편하시다니 이제 엄마와의 정답던 얘기를 어디서 들을까.

편지를 즐겨 쓰시던 엄마, 일기도 꼭 쓰셨다. 책 읽기도 글쓰기도 좋아하셨다. 요즘도 가끔 엄마 일기장을 들추어 보면 짧은 일기 속 행간에 숨은 뜻을 많이 찾아내곤 한다.

"춘천 아들이 제사 모셔가고 첫 제삿날이다. 오늘이 시모님 기일이다. 너무 죄스러운 마음이다. 춘천 쪽을 향해 절을 올렸다."

80세 넘으시도록 조상님 제사를 당신이 모신다고 하시던 고집을 꺾으시고 늘 섭섭해하시던 마음을 표현하신 대목이었다.

중앙일보를 창간호부터 계속 모아 1개월 분씩 철해 두셨던 엄마. 할머니 장례식 날짜에 발행한 신문이 없어져서 보급소에서도 못 구하시니 신문사까지 가서 구해오신 일이 있으시다. 사장실서 그 말을 전해 듣고 초청되셔서 시계를 선물로 받으셨다. 연재소설을 다 읽고 나면 그것을 옮겨 써 모은 것이 연재가 끝나면 한 권의 소설책이 되곤 했다. 방으로 가득 모으셨던 신문은 신문사에 기증하셨다.

어렸을 적 시골집 안방에 동네 어른들이 모여 엄마 책 읽는 소리에 밤새는 줄 모르던 추억도 있다. 『숙영낭자전』, 『심청전』 등 구성진 엄마의 책 읽는 그 소리를 녹음해 두지 못한 게 큰 후회로 남았다. 엄마가 낮에는 책 읽을 때 드실 야식을 장만하시던 정성, 어른 공경하시던 마음이 바로 이런 일들이었다.

새 가요가 나오면 가사를 적어 외우시고, 창을 즐겨 부르셨다. 창 부르시던 엄마의 그 멋진 구성짐도 그립다. 어디서나 메모하시던 습관은 내가 엄마에게 배워 실천하고 있다. 영화도 좋아하셨다. 우리 동네에 동도극장은 프로가 바뀔 때마다 즐겨 다니시던 곳이다. 지금은 없어졌지만, 그곳을 지나면 한 번 돌아보게 된다.

가끔 동생들이 따라가기도 했지만 거의 혼자 영화를 보러 가셨다. 영화 스토리를 학교 갔다 온 우리들에게 빼놓지 않고 재미있게 들려주셨다. 지금 시대였다면 작가가 되셨을 우리 엄마! 그 시절에 영화를 그리 즐기셨던 엄마, 다른 엄마들과 비교되는 자랑스러운 엄마라 생각했다.

연말이면 손수 만드신 연하장을 수십 장씩 지인들에게 보내셨다. 매해 입춘 때도 '立春大吉 建陽多敬' 등의 방을 써서 바야흐로 봄이 되니 크게 길하고 경사스러운 일이 많이 있기를 바란다는 뜻을 전해 주셨다. 자손들에게 생일, 결혼기념일, 입학식, 졸업식에도 카드에 돈까지 넣어 주셨던 정성, 자손들의 가슴에 사랑이란 나무로 심겨 있으리라.

요즘 다리가 많이 아파서 여름을 병원에서 거의 보냈다. 엄마가 다리 아프실 때 이렇게 다리가 소중함을 몰랐다. 아파봐야 아픔을 안다는 말을 이제야 뼈저리게 실감한다. 엄마께 죄송스러운 마음이다. 어느 날 방에서 넘어져 대퇴부 수술을 받고 난 후 2개월 만에 돌아가신 엄마가 사무치게 그립다.

흰머리가 조금만 보여도 외출하기를 꺼려 할 정도의 단정함과 깔끔함을 포기하신 채 무엇이 그리 급해 못 오실 길을 떠나셨을까? 엄마가 떠나신 순간 배 속 오장육부를 다 빼낸 듯한 공허함을 주체하기 힘들었다.

아버지께서 늘 하시던 "너희 엄마는 이 세상 떠나기엔 정말 아까운 사람이다."라는 말씀 속에 내포한 뜻이 무엇이었는지 나이 들면서 알게 되었다. 아버지와 공감한다. 요즘 자주 느끼는 허전함. 칠 남매를 키우면서도 큰소리 한 번 안 내시던 사진 속의 잔잔한 미소의 주인공이신 엄마. 오늘 유난히도 마주하고 싶어진다.

『문학공원』 2015. 2.

강아지의 전성시대

코로나가 친구를 빼앗아 갔다
사귀고 싶은 친구도 못 사귀고
쉬는 시간은 고작 5분
나의 소중한 친구들은 다 어디 갔을까?

「친구」란 제목의 이런 시(?)를 초등학교 3학년 외손녀가 보내왔다. 코로나로 학교도 학원도 못 가고 친구들도 맘대로 못 만나는 답답함을 표현한 시로 보인다.

얼마 전 생일에 "친구 몇 명 초대하니?" 물었더니, "친구요? 마스크 안 쓴 얼굴을 보지 못해 친구도 못 사귀었고, 열 명 이상 모이면 안 되잖아요. 초대도 못하죠." 힘없는 대답에 어깨까지 처진 듯 측은해 보이기까지 했다.

며칠 후 손녀가 "외할머니는 개와 고양이 중 뭐가 예쁘세요?" 하고 물었다. 몇 번째 물어온 질문이었다. 난 별 뜻 없이 "왜? 난 다 싫은데."라고 답했다. 얼마 후 외손자가 "외할머니, 저희 강아지 입양했어요."라며 미안한 듯 기어들어 가는 작은 목소리로 알려 왔다. '내 짐작대로 기어이 엄마, 아빠가 아이들한테 졌구나.' 순간 다리에 힘이 빠질 정도로 걱정이 앞섰다. 어미가 전업주부도 아닌데….

전화로 아이들에게 이렇게 일렀다. "너희들이 좋아서 기르는 것이니, 알아서 키워야 해. 엄마는 너희 둘 돌보는 것만으로도 충분히 힘든 것 알지?" 몇 분 후 바로 딸이 전화로 "엄마, 애들이 외할머니께서 너무 심하시대요. 어쩌면 외할머니 딸인 엄마만 챙기시냐고요." 아차, 머리를 한 대 얻어맞은 느낌이다. 딸을 생각하면, 아침 일찍 출근해 야간 자율학습 감독이나, 늦은 회의가 있는 날 등 얼마나 힘들까 늘 걱정이다. 늦게 퇴근하는데 딸의 일만 더 많아질까 걱정되어 한 얘기인데 손주들은 엄청 서운했나 보다. "잘했다, 잘 키워봐라." 이 간단한 말을 왜 못 해 주었을까? 속 좁은 외할머니로 낙인이 찍힌 것이다.

사돈 어르신들께서 가까이 사시며 늘 분에 넘치도록 잘 보살펴 주시니 딴 애들보다 무료한 시간이 많지는 않으리라 생각한 게 짧은 생각이었나 보다. 두 아이가 심심하다고 많이 졸랐을 것이란 생각이 든다. 일요일이면 애들이 들고양이 먹이 준다고 동네를 한 바퀴씩 돌며 배고픈 고양이를 챙긴다는 얘기도 들었었다. 동물을 가까이하는 일. 등교도 못 하고 마음도 허전한 아이들에게 정서적으로 좋은 일일 것이다. 아침 저녁, 강아지와 노는 사진이나 훈련시키는 사진을 카톡에 올리고 많은 시간을 강아지와 보내니 다행이다.

사돈 어르신들께서도 강아지를 많이 좋아하시고 전에 키워 보셔서 수시로 보러오시고 목욕도 시켜 주신다 했다. 얼마 전엔 추워진다고 사돈께서 강아지 패딩도 몇 벌 사 오셨단다. 애들 옷도 늘 사 주시는데 강아지 옷까지 신경을 쓰시는구나! 예방주사 종류도 많고 미용 귀 청소 등 온 식구가 동물병원에 갈 일은 왜 그렇게 잦은지? 요즘 강아지들은 참 호강이다. 세상이 많이 변했음을 생각하는 요즘이다. 이 시대는 '강아지 천국'이란 말도 있다지 않은가?

하도 온 식구가 좋아하니 인사로라도 가 보기로 했다. 며느리, 손녀와 함께 갔다. 외손주 남매는 우리를 강아지 보러 온 손님이라고 반갑게 맞아 주었다. 강아지 '수호'는 처음엔 짖어댔다. 바로 주인과 가까운 관계인 줄 아는 듯 처음 보는 우리와도 금방 친해졌다. 대학생인 손녀가 개를 무서워해서 길에서 개만 보면 멀리 피해 다닌단다. 그날 강아지를 가까이 대주면 소리를 지르더니 어떻게 신기하게도 바로 친해졌다. 그 후로 개를 무서워하지 않는다니 얼마나 다행인지! 손녀가 개와의 사이를 사촌들 덕에 좁혔다니 강아지 키우는 덕을 덤으로 톡톡히 본 셈이다.

강아지는 방 하나를 통째로 차지하고 갖은 재롱을 다 부리고 있었다. 딸린 살림살이며 장난감도 많았다. 집에서 강아지 냄새가 나는 듯해도 말을 참았다. 예쁘다고 잘 키우라고 옷 한 벌 사 주라며 금일봉(?)을 건네주었다. 인기 절정의 강아지를 뒤로하고 아쉬운 작별을 했다. 강아지 털도 해로울 듯하고 아토피라도 생기는 건 아닌지? 집에 오는 길에서도 신경이 쓰였다.

내가 중학교 때 우리도 집 지킴이로 큰 개를 키웠었다. 그야말로 집 지킴이 개였다. 큰 개집이 있던 시멘트 마당을 야단스레 수세미로 닦으면서도, 냄새난다고 유난을 떨었던 기억을 떠올리면, 방에서 키우는 일은 말도 안 되는 시대였다.

식구들이 자기를 좋아하는 걸 알고 손주들이 방에서 공부하고 있으면 꼭 그 방문 앞에서 기다린다니 강아지도 고양이처럼 영물이 아닌가? 대화 내용도 온통 강아지 얘기다. 자기 전 꼭 강아지 노는 사진을 보내온다. 남편과 나도 그 재롱을 보며 웃는다. 우리에게도 웃음을 선사하는 강아지. 이젠 저녁마다 그 사진이 기다려진다. 우리도 어느새 강아지의 재롱에 빠져들고 있음을 발견한다. 미소가 저절로 지어진다.

아무튼, 강아지 수호는 아주 복 많은 녀석이다. 이름도 외손자 돌림자를 넣어 지었고, 온 식구의 사랑을 듬뿍 독차지한다. 애완동물 사랑이 답답한 동심을 힐링해 준다고 생각하니, 수호는 코로나가 가져다준 별난 선물임에 틀림없다. 우리 식구를 지키라는 뜻으로 '수호'란다. 얼씨구! "잘했다, 잘 키워 봐라. 많이 사랑해 주어라."

『수필오디세이』 2021. 봄호

열두 알의 콩

열두 알의 콩을 수확한 날, 기쁨으로 가슴이 벅차기까지 했다. 2007년 부활주일 우리 교회에서 한 가정에 한 개씩의 계란을 선물로 나누어 주었다. 흙을 구워 계란 모양으로 만든 작은 화분이었다.

어떻게 흙으로 이렇게 작은 화분을 만들었을까? 윗부분에 자르는 선이 표시되어 있었다. 조심스럽게 깨뜨려 보았다.

거름이 섞인 듯한 고운 들깨가루 같은 흙이 가득 차 있었다. 그 속엔 커다란 분홍색의 콩 한 알이 숨겨져 있는 게 아닌가! 아니, 이 작은 계란 속에서 콩이 자랄 수 있을까? 못 자라지….

반신반의하며 조심스럽게 물을 조금씩 주었다. 그렇게 하기를 보름이 지났다. 이게, 웬일인가! 콩 싹이 나왔다. 보통 콩은 일주일이면 싹이 트던데, 안 나올 줄 알았던 콩 싹이 난 것이다. 껍질이 꽤나 두꺼운 울타리 콩이다. 물에 불려 심었으면 싹이 더 빨리 났을 수도 있었을 걸 하는 생각이 들었다.

싹이 나며 콩이 뚜껑 열리듯 열리더니 '성령 충만'이라고 쓴 글씨가 보였다. 순간 마음의 문이 열리며 희열마저 느꼈다. 콩 속에 글씨를 넣은 섬세함에 놀랐다. 며칠 지나며 파란 잎이 작게 나더니 삼 일 간격으로 잎이 크게 자랐다. 결국 이 계란이 화분인 셈인데 갓난아기를 다루듯 조심스럽게 큰 화분으로 옮겼다.

신기한 상황을 매일 적었다. 주말에 손녀들이 오면 베란다가 현장 학습장이 되었다. 신기해하는 손녀들의 표정은 진지하기까지 했다. 다른 화분에선 손녀 둘이 주일학교에서 부활주일에 종이컵에 심어온 고추 모종을 한 대씩 나누어 기르는데 그 고추가 잘 자라고 있었다.

"할머니, 우리가 기르는 고추는 꽃도 안 피는데 할머니는 어쩜 이렇게 잘 키워요?"

손녀는 아주 실하게 자라는 가지를 뒤적이며 고추 열매를 센다. 농장 못지않은 부활절 결실이 우리 가족을 한창 흥분시켰다.

두 달여 지나자 작은 콩 싹은 이젠 넝쿨이 되어 막 뻗었다. 옆 아보카도 나무의 넝쿨에 얹어 주었다. '아주 편하다'는 듯, 칭칭 감는 속도가 빨랐다. 넝쿨은 가냘팠다. 의지가 없으면 안 될 것 같았다. 아보카도 나무가 콩의 지지대가 된 셈이다.

8년 전 호주에 갔을 때, 아보카도 씨가 하도 신기해서 한 개 가지고 왔다. 둥근 쇳덩이 같았다. 이게 싹이 날까 하고 시험 삼아 심는다고 커다란 화분 가운데를 파고 묻어 두었다. 몇 달이 되어도 감감무소식이기에 물 주기도 포기한 채 잊고 지냈다.

일 년이 지난 어느 날 다른 꽃을 심으려다 아보카도 싹이 나온 것을 알았다. '어마 아보카도가!' 내 어머니께서 화초에 쌀뜨물을 주시던 일이 생각났다. 나도 쌀뜨물을 열심히 주었다. 그동안 열심히 키운 아보카도가 1미터 넘게 자랐다. 이 나무가 콩을 지켜 주는 식물 가족이 되다니….

콩과 고추를 매일 들여다보며 잘 자란다고 칭찬도 하고 흙을 보충해주며 정성을 다했다. 7월 어느 날 내가 제일 좋아하는 색인 보라색의 꽃 한 송이가 피었다. 꽃이 지기 전에 많은 사람에게 보여 주고 싶었다. 할머니가 꽃을 피웠다고 손녀들은 목에 매달리며 환호했다. 넝쿨은 무성한데 겨우 한 꼬투리의 꽃이 못내 아쉽다. 한 달쯤 지났을까? 아보카도 윗가지에 자리한 넝쿨에서 또 한 꼬투리의 꽃이 피었다. 꽃은 심히 가냘프고 힘이 없어 보였다.

얼마나 예뻤는지 구역예배에 오신 구역 식구들이 "난 싹도 안 났는데…", "난 옮겨 주지 않았더니 죽었는데…." 하며 신기해하셨다.

가을이 되었다. 잎이 누렇게 변해 갔다. 문득 줄기에 달린 콩꼬투리 두 개를 발견했다. 꽃이 금방 지는 것이 아쉬웠는데 종족 번식을 위해 여름 내내 창을 향해 햇빛을 받아들이고 물을 먹고 한없이 컸구나! 남향인 베란다의 위치 덕도 본 셈일 것이다.

긴 콩꼬투리를 매일 만지작거렸다. 납작한 꼬투리는 쭉정이 같았다. 이젠 지저분해진 넝쿨을 걷어야겠다고 마음먹었다.

그런데 이게 웬일인가? 조금은 통통해진 꼬투리를 조심해서 깠다. 한 꼬투리서 여섯 개씩 빨갛고 큼직한 콩알이 들어 있는 게 아닌가! 우리같이 콩 수확을 낸 가정이 있을까? 궁금했다. 콩 열두 알, 빨갛게 익힌 고추 열일곱 개. 무언가 해낸 듯한 뿌듯함이 어린이 마음 같았다. 콩을 놓고 고민이 생겼다. 우리 목사님께서 병환 중이신데 당연히 드려야지 생각하다 아니 콩 한 주먹도 안 되는 걸 드리기엔 좀 그렇다 싶기도 하고….

남편 밥에 놓을까, 아냐 아버지도 드리고 싶고 우리 애들도…. 고민하다 이렇게 하기로 했다. 이 콩을 내년 부활절에 큰 화분에 심기로. 그러면 많은 수확을 할 수 있겠지. 이때 모두에게 나누자.

그러나 지난해 심는다던 콩은 아직 묵은 채 심길 때만 기다리고 있다. 빨간 고추는 따기 아깝다고 두었더니 말라 버렸다. 나의 어리석음이 죄다. 색이 고와서 흙에 묻기가 아까웠다. 어렵사리 싹 틔워 열매 맺은 연약한 콩처럼 나의 약한 믿음도 자라기를 기도한다. 콩을 때에 맞게 심어서 거뒀어야 했는데 인생살이의 나의 착오는 이렇게 반복되는 것일까?

『월간문학』 2015. 4월호

층간소음

단독 주택에서 아파트로 옮겨 산 지도 거의 40년이 되었다. 처음 아파트에서는 소음이 있어도 아파트와 단독의 다른 점이려니 생각했다. 6년 전 새로 지은 아파트로 이사 후 일부러 들으려 해도 소음이 없어서 역시 새 아파트는 다르구나 하며 신기하게 여겼다. 현대의 건축 기술을 높이 평가도 했다. 올봄이었다. 어떤 날 갑자기 위층에서 쿵쾅 소리가 들렸다. 무슨 소리지? 올라가서 문 앞에 서서 들으니 아이들 떠드는 소리가 들렸다. 아이들 뛰노는 소음이었다. 다른 일 아닌 게 다행이라 생각했다. 처음엔 무슨 소리인가 귀를 의심했다.

며칠 전 엘리베이터에서 윗집 주인을 만났을 때 "두 아들네 애들이 학교 못 가는 바람에 저희 집에 와서 함께 뛰니 소음이 크지요? 죄송해요. 내일부터는 한 집씩 오라 했어요."

라며 미안해했다. “아니라고 신경 쓰지 마세요.”라고 했다.

실은 며칠 전엔 하도 쿵쾅대서 일부러 밖에 일을 만들어 피한 적도 있었다. 가끔 주말이면 뛰는 소리가 더 심했지만 할머니 댁에 오는 아이들이구나! 우리 애들은 다 컸으니 윗집 꼬마들에게라도 활력을 받자 하는 마음이었다. 한창 개구쟁이들인데 학교 친구들과 얼마나 맘대로 뛰고 싶을까! 그놈의 코로나가 장기간 등교를 막고 있으니 큰 문제다.

며칠 후. 윗집 손자가 할머니와 손잡고 “죄송하다는 인사드리러 왔어요.”라며 깍듯이 머리 숙여 인사를 했다. 꽃바구니까지 내미는 손을 덥석 잡았다. 내가 무어라 한 적도 없건만 오히려 신경 쓰게 했음이 미안하기까지 했다. 올해 초등학교에 입학했단다. ‘축하한다’라는 말과 함께 우유와 과일 몇 개를 손에 쥐여주었다. 죄송하다는 인사하러 온 윗집 주인의 마음을 깊이 사고 싶었다.

올라가는 엘리베이터 앞에서 꼬마가 쭈뼛대더니 “엘리베이터 안에 글 할머니가 썼어요?”라고 묻는다. 무슨 글? 자세히 보니 한 주민이 ‘아이들이 심하게 뛰어다니면 자제를 좀 시켜주셔요.’라고 써 붙여 놓은 글이었다. 꼬마는 자기가 윗집에서 뛰니 바로 아랫집에 사는 내가 써 붙인 것으로 생각했던 것 같다. 요즘 아이들의 영리함이 깜찍하기까지 했다. 오늘 할머니의 바른 예절교육이 똘똘한 손주의 성장에 밑거름이 될 거라 믿어 흐뭇하다. 속히 희망찬 아이들이 마스크 없이 맘 놓고 뛰어놀 수 있으면 좋겠다.

환한 꽃바구니가 거실에 놓였다. 아들 중학교 1학년 때 일이다. 마당이 넓은 단독 주택에서 아들 중학교 가까운 아파트로 이사를 했다. 아들이 자전거를 집 안에서 타며 거실과 식당을 돌며 신바람이 났다. 마당에서 어른 자전거 타기에 맛들인 아들이 아파트로 이사한다니 자전거 못 탈까를 제일 걱정했었다.

어른 자전거를 밖에서 타는 것이 불안했기 때문에 집 안에서 노는 것을 말리지 않았다. '자전거 타는 소리가 아래층에 소음이 되지 않을까?' 불안한 마음에 아래층에 내려가 죄송하단 말씀을 드렸더니 안주인께서 "상관치 마세요. 건강한 아이가 우리 윗집에 이사 온 것이 영광이지요!"라고 했다. 자전거의 소음이 있고 없고를 떠나서 의외의 반응에 어찌나 감사하던지 지금도 잊지 못하고 있다. 어쩌면 그렇게 고운 말씀을 하셨을까? '당신은 본래부터 거룩한 천사입니다.'라고 말하고 싶었다. 이런 이웃과 30년 이상 행복했었다.

지나면서 알고 보니 우리 아들과 그 댁 아들이 같은 학교 같은 학년이었다. 아버지는 장로님이셨고 어머니도 얼마 후 장로 임직을 받으신 종교계의 중책을 맡으신 분들이셨다. 그 후 우리를 위해 늘 기도해 주셨다. 그분의 기도는 지금도 계속되리라 믿는다. 고마우신 장로님 내외분 댁에 늘 주님의 손길이 임하길 간절히 비는 마음이다.

서로 미안함과 조금 이해하는 마음만 가진다면 층간소음이 무슨 문제이겠는가? 만약 그때 아랫집에 가서 자전거 타는 일을 아뢰지 않고 지냈다면 이웃 꼬마의 꽃을 받고 얼마나 마음이 불편했을까? 아마도 주님 주신 지혜였으리라. 따뜻한 말 한마디에 아름다운 이웃이 되어 행복을 나누었던 30년. 함께 지낸 고마운 인연. 그리고 지금의 따뜻한 이웃의 만남, 생각만 해도 가슴 따뜻하다.

『여울문학회』 2021. 23번째

은혜와 감사

땡…. 아침 8시 핸드폰에 문자 도착이다.

> 아프기 전과 후, 당연하다고 느꼈던 모든 것들이 은혜이고 감사입니다. 숲속의 바람과 새소리 풀 향기 맡으며, 걷고 있어요. 모두 건강하시길 늘 기도합니다.

암 치료 중인 며느리가 매일 동네 안산 공원에 오른다. 그날도 안산에 올라 신선한 아침 공기를 가르며 딸네를 포함한 가족 톡에 보내온 문자다. 반갑다. 그 시간 우리 부부도 청계천을 걷고 있다. 며느리! 우리에게 단 하나뿐인 귀하고 귀한 식구다. 며느리의 컨디션이 어제보다 더 좋아졌기를 바라는 마음 간절하다.

안산 공원은 아들 집에서 가깝다. 오르는 길을 마루처럼 나무로 깔아 놓아 걷기가 편한 점도 자랑이란다. 거기에 하늘을 찌를 듯이 서 있는 메타세쿼이아 나무들이 내뿜는 산소량도 이 산의 특징이라 알려져 있다. 풀 향기 맡으며 걷는 시인처럼 사뿐히 걷는 며느리의 자태가 떠오르며 순간 마음이 놓였다.

지난 12월 건강하던 며느리에게서 뜻밖에 암을 발견했다. 온 가족에겐 하늘이 노래지고 앞이 캄캄할 정도로 황당한 일이었다. 복잡한 절차를 밟아 여러 달 동안 수차례의 항암 치료를 받았다. 머리가 빠지고 손발톱도 검게 변하며, 손끝에서 나오는 진물도 보기에 딱했다. 머리가 빠질 때 여성으로서의 자존심. 제일 마음 상하는 상황 아닌가!

나도 경험했기에 더욱 가슴이 아팠다. 여성에게 머리칼은 정말 신체에서 제일 중요한 부분이라 생각했었다. 내가 25년 전 겪었던 일이다. 항암 주사로 머리가 우수수 쏟아지듯 빠질 때였다. 입원실에 새벽 시간 체온 재러 들어오는 간호사에게조차 보이고 싶지 않아서 모자 끈을 꼭 매어 붙들고 있었던 나였다. 어머니는 머리가 빨리 나서 자라려면 햇볕을 잘 받아야 한다고 양지쪽에 늘 데리고 나가 두피 마사지를 해주셨던 생각이 나며 가슴이 뭉클하다.

무엇을 먹나 식단도 중요하다 했더니 식탁 사진을 찍어 보내는 자상함도 보이는 며느리다. 매주 병원서 만날 때마다 늘 웃음으로 인사하고 오히려 꿋꿋한 의지를 보이며 가족을 챙기는 며느리가 눈물겹도록 안쓰러우나 자랑스럽다. 믿음이 좋아서일까? 천성이다. 나는 우리 며느리에게 '천사표' 딱지를 기꺼이 붙여주고 싶다.

교회서 구역장 직분, 피아노 반주 봉사도 치료 중에 거의 거르지 않았다. 챙기는 마음이 어쩜 그리 기특하던지! 하나님이 예뻐하실 튼실한 신자다. '하나님 믿는다'며 늘 편하게만 믿던 나의 믿음을 며느리에게 들킨 듯 부끄러울 뿐이다. 아들은 늘 시간에 쫓기면서도 보호자 노릇 하기에 체중도 빠졌다. 얼마나 고심이 클까? 복도에서 진료 순서를 기다리는 동안도 책을 손에서 놓지 못한다. 열성 연구파 교수의 면모가 몸에 배어 있는 아들도 늘 든든하지만, 아들을 생각하면 늘 생인손을 앓는 심정이다.

20여 회가 넘는 항암 주사제 치료, 어려운 고비를 넘겼다 했더니 수술 날 받아 놓고 얼마나 불안하고 걱정이 되던지? 2시간 걸린 수술. 부분 절제를 했다기에 안도의 숨을 쉬었다. 아니 떼어 낸 세포 검사 결과 또 방사선 치료가 기다리고 있단다. 그것도 15회를 계획 중이라니 다시 한숨이 나온다. 맷돌짝이 가슴을 누르는 듯 무겁고 답답하다. 늘 좋은 것 주시는 주님께서 완치를 선물로 주시기를 비는 기도를 간절히 올려 드린다.

긍정적인 마인드의 며느리! 누구에게나 칭찬받는 며느리의 자존심에 쩍쩍 금가는 소리가 들리는 듯하다. 자존심을 내려놓고 기도로 주님께 매달리는 일이 어려움을 이기는 일이라 믿는다. 하루하루 살아오면서 우리를 향한 하나님의 깊은 뜻을 깨닫지 못한 때가 많았음을 고백한다. 감사에 대한 깊은 교훈을 얻은 기간이었다. “감사드릴 때 염려가 떠나가고 하나님의 평강이 임하게 된다.”라는 말씀이 떠오른다.

수술 후 퇴원하는 날이다. 손녀딸 형제가 엄마 환영 이벤트로 거실벽에 현수막을 장식해 감격의 눈물을 쏟았다. 온 가족 마음고생 몸 고생 많았다. 엄마 아빠 사진을 띄우고 옆에,

> 골프 여제 우리 엄마 이승은! 건강하게 돌아와 줘서 고마워요. 수고한 아빠는 우리들의 히어로!
>
> - 예쁜 딸 혜원 지원이가

라고 적었다.

가족의 귀중함을 뼈저리게 깨달은 하나님이 주신 기회라 여긴다. 이런 경우 ‘딸 키우는 맛’을 톡톡히 본 셈 아닌가? 사랑하는 며느리의 쾌유를 빌고 또 빈다. 고생 많았다. 사랑한다. 기도와 사랑으로 함께하시는 사돈들께, 친정 올케를 위해 기도하는 딸 사위 주위 모든 분께도 고마움을 전한다.

『여울문학회』 2021. 23번째

엄마가 울었어요

토요일 오후 딸 모녀가 왔다. 예고 없이 오니 더욱 반가웠다.

늘 우리 마음을 훈훈하게 해주는 딸이다. 늘 명랑 쾌활한 성격의 외손녀가 떠들썩하며 품에 안긴다. 행운의 보너스처럼 반갑다. 갑자기 두 노인의 집 분위기가 확 달라지는 순간이다. 사위와 외손자는 바쁜 일로 동행을 못 했단다. 서운한 마음이다.

요즘 모두 바쁜 세대 아닌가?

빈손도 반가운데 딸은 주섬주섬 보따리를 펼친다. 국과 반찬통이다. 늘 못 주어서 안달인 딸이다. 이것저것 반찬을 골고루 챙겨왔다. 그대로 점심상이 차려졌다. 이런 일이 사는 재미 아닌가? 전업주부도 아닌 딸의 이런 배려가 흐뭇함을 선사한다. 기특하면서도 부담이다.

오늘따라 외손녀가 "외할머니! 소화는 잘 되세요? 배는 안 아프세요? 괜찮으신 거죠?"라며 평소 안 하던 질문을 던진다. 외손녀가 왜 새삼 이런 질문을 할까? 궁금했다.

이어서 "할머니 어젯밤 우리 엄마가 많이 울었어요." 한다. "왜?" 나는 놀라며 무슨 일이 있었나 다그쳐 물었다. 가슴까지 콩닥거리며 궁금했다. 많이 놀랐다.

"엄마가 외할머니 시집을 읽으며 우셨다고요." '시집(지난해 발간한 나의 첫 시집 『학의 이름으로 지상을 날다』)' 그중에서 28쪽 「북소리」 편을 읽으며 눈물을 흘렸나 보다. 내 짐작이 맞았다. 「북소리」 제목의 시를 읽으며 감정이 복받쳤다고 했다.

북소리

가끔 양손으로 배를 두드려 본다
북소리처럼 크고 맑은 소리가 난다
잘 익은 수박 두드리는 소리 같기도 하다
위가 없는 빈자리가 내는 슬픈 소리다

위 절제를 하고도 25년을 버텨온 세월
백 년을 살아온 것 같은 고통의 세월이었다
지난 시간을 돌아보면 나 자신에게
표창장이라도 주고 싶은 심정이다.
쓸개 없이 산다는 말은 들었어도
밥통 없이 산다는 말은 못 들었다며

통곡하시던 부모님
그 통곡 가슴에 새기며
부모님 앞에서 죽진 않으리라
이 악물며 살아왔다

이제 북소리는 기쁜 노랫소리가 되었다
든든한 가족의 헌신적인 사랑
주위의 기도가 나를 일으켜 세웠다
고통을 웃음으로 바꾼 나에게
북 치며 외치고 싶다.
나도 나를 사랑한다고

여러 편의 시 중, 위에 「북소리」 제목의 시를 읽고 새삼 엄마 수술했을 때 가까이서 간호하면서 겪었던 고통의 순간들을 떠올리며 순간 울적했나 보다.

"외할머니 시를 읽으니 눈물이 나네, 외할머니는 위가 없으시단다. 위암으로 위를 다 들어내는 큰 수술을 하셔서 고생도 많이 하셨지, 소화가 잘 안 되셔."

이 말을 딸에게 하며 많이 울었나 보다. 늘 엄마 걱정하는 딸이 오히려 안쓰러웠다. 눈물 흘린 이유가 다른 일 아님이 얼마나 다행인지!

말 한마디 한마디에 마음의 향기를 뿜는 딸의 말씨가 늘 힘이 되는 엄마인 나는 행복할 때가 많다. 이 일로 초등학생인 심히도 내가 아끼는 어린 외손녀 마음에 외할머니인 나로 인해 걱정이 고래만큼 커질까? 염려다. 어느덧 25년째 밥통 없는 상태의 고통을 안고 살아간다. 그 속에서 살아간다는 일이 기적이라 생각될 때도 많았다.

'쓸개 없는 놈'이란 소리는 들었어도 '밥통 없는 놈' 소리는 못 들으셨다며 동네가 떠나가듯 우시던 아버지의 통곡, 지금도 귀에 쟁쟁하다. 나도 부모 되어 자식을 키워 보니 그때 부모님의 마음 어떠셨을까? 몹쓸 병으로 부모님 마음 아프게 해 드린 불효녀, 용서를 비는 마음 가득하다.

숲속의 공기가 싱그러운 것은 나무들이 쉬지 않고 들숨과 날숨을 반복하기 때문이란다. 우리 가족에게 이런 애틋한 사랑이 없었다면 지금의 내가 존재했을까? 가족 사랑의 귀중함을 새삼 가슴에 되새기는 오늘이다.

오늘 유난히 가족들 얼굴이 눈에 선하다. 더욱 부모님이 보고 싶다. 오늘이 돌아가신 지 10년째 되신 아버지 생신날이다.

『성동문학』 2022. 22호

냉잇국 이야기

동네 슈퍼에서 햇냉이를 만났다. 순간 내 어린 시절 어머니가 만들어 주신 냉잇국 냄새가 돌아오고 있었다. 냉잇국 생각만으로도 기운이 솟았다. 이른 봄 양지바른 언덕이나 김장 배추 뽑은 묵은 밭에 냉이가 예쁜 싹을 보였다. 손을 호호 불며 서로 누가 많이 캐나 바구니를 넘겨다보며 경쟁했던 기억도 되살아났다. 그런 냉이를 마트에서 쉽게 만날 수 있어서 반가웠다.

냉이는 잔털도 뜯어내고 다듬는데 많은 시간이 걸린다. 그 옛날, 어머니는 냉잇국이나 무침을 해주실 때 꼭 한마디 하셨다. 냉이는 엄마가 해주는 것만 먹으라고. 이렇게 손질이 어려우니 하신 말씀이었으리라. 국물에 쌀뜨물을 붓고 된장을 풀고, 손질한 냉이를 듬뿍 넣고 달래도 넉넉히 넣었다. 한소끔 끓을 때마다 뚜껑을 열고 냄새를 맡아 보았다. 드디어 구수한 향이 넘치는 냉잇국이 완성되었다. 비타민도 한 주먹 들었을 냉잇국, 나 혼자 마주한 점심 식탁이었다. 구수한 맛에 같이 먹고 싶은 얼굴들이 줄줄이 떠올랐다. 나 혼자 이렇게 행복해도 되나 싶었다.

우리 칠 남매가 자랄 때는 두레상에 둘러앉아 저녁을 먹었다. 퇴근하는 아버지는 "아니, 이게 다 우리 애들이요?" 하며 대견해 하셨다. 우리는 누가 구령이나 한 것처럼 일제히 일어나 아버지를 맞았다. 자상하시면서도 카리스마 넘치시던 아버지와 어머니가 왜 이렇게 보고 싶은지 모르겠다. 냉잇국 탓일 것이다.

아버지의 저녁상이 차려지는 동안 우리는 서로 하루 동안 벌어졌던 이야기를 앞다투며 늘어놓았다. 부모님이 해주시는 말씀은 한마디 한마디가 귀에 쏙쏙 박혔다. 지금 생각하니 우리 집안의 화목했던 분위기는 부모님의 유별난 금슬 덕이었지 싶다. 아버지는 아침 뜰을 쓸며 칠 남매의 옷이며 신발, 학용품까지 수첩에 일일이 적어 놓았다가 챙겨 주시곤 했다. 새 옷을 사 오면 단추도 다시 달아주셨다. 사업을 하면서도 가정사에 관심을 많이 가지셨던 아버지였다. 아버지의 이런 자상함이 없었다면, 어머니가 우리 증조할머니와 할아버지, 할머니, 안팎 머슴까지 거느리신 큰 살림을 하지 못하셨으리라.

그때 우리 집에는 제사도 많았다. 제사가 끝나면 심야에 이

웃들과 제삿밥을 돌려 나누어 먹곤 했다. 힘든 시절이었지만 서로의 정이 넘쳤다. 그래서일까. 요즘도 세상이 팍팍해질수록 그 시절로 돌아가고 싶은 마음에 추억을 불러내곤 했다. 우리 집에서는 요즘 시부모님 기일도 몇 해 전부터 하루에다 모시고 있어 송구스럽기 짝이 없다.

모처럼, 냉잇국으로 향수를 불러일으킨 겨울 어느 날 하루였다. 그날 저녁 적막하던 우리 부부의 식탁에도 미리 온 봄빛이 환하게 꽃망울을 터뜨렸다. 냉잇국 한 그릇에 봄기운 같은 신선함이 샘솟았다. 이 힘으로 겨울을 거뜬히 지낼 것 같았다. 냉잇국 향이 짙음은 고향의 향수를 함께 담았기 때문이리라. 내가 먹고 싶은 것을 맘대로 해 먹을 수 있는 자유, 이보다 더한 행복은 없으리라.

『펜문학』 2021. 1·2월호

한약을 마시며

남편이 마실 한약을 그릇에 담다가 문득 어머니 생각에 창밖 하늘을 올려다본다.

숯불화로 위 약탕관에서 퍼지는 한약 냄새가 온 집안에 가득하다. 어머니의 기도도 함께 끓는다. 약탕관을 덮은 투박한 창호지가 젖으며 들썩인다. 가까이에서 지키며 혹여 끓어 넘칠까 살피신다. 약물이 넘치면 숯덩이 하나를 꺼내기도 하고, 뚜껑을 열어 놓기도 한다. 불을 조절하려고 약탕관 주위를 떠나지 못하시는 어머니. 정성으로 달인 약을 베 보자기로 짜서 내 손에 들려 준다.

어느 식구보다 한약을 많이 먹고 자란 약골이었다. 쓰다고 투정하는 내 옆엔 어느 틈에 준비하셨는지 깐 밤이 작은 접시에 얌전히 올라와 있었다. '꿀꺽! 옳지!' 잘 삼키도록 응원하는 어머니의 마음이 담긴 격려가 귓전에 다정하게 머물렀다. 쓴 약을 삼킨 상으로는 약과, 한과, 연시 등이 기다렸다. 이렇게 정성으로 키워준 어머니를 위해 나는 무엇을 해 드렸나, 늘 허약 체질이라 신경을 많이 쓰시게 했던 일들이 하나씩 떠올랐다.

엄마의 손길에서만 달여지던 한약이 요즘은 한약방에서 다 달여져 한 포씩 간편하게 복용할 수 있도록 배달까지 해주니 얼마나 편한 세상인가. 요즘 몇 개월째 한약을 복용 중이다. 이렇게 먹기 간편한 약도 귀찮고 바빠서 거르기 일쑤였다. 약값을 생각하면 시간을 지켜 정성껏 복용해야 하건만 그러지 못할 때가 종종 있었다.

남편에게는 어머니에게 배운 대로 접시에 받쳐 대령한다. 약 달이는 정성 대신 약효를 기대하는 마음을 담아서 건넨다. 하지만 나 자신을 위해서는 거를 때가 많다. 이를 알게 된 남편이 어느 날 급히 외출을 서두는 나에게 따뜻하게 데운 약 그릇을 건넸다. 내가 당신에게 하듯 접시까지 받친 한약 그릇을 그것도 두 손으로. "당신 바빠서 약도 제대로 못 챙기네!"

한약 그릇을 받아든 손이 순간 떨렸다. 목이 메어 약을 삼키는 대신 눈에서 눈물이 주르륵 흘렀다. 한약을 달여주시던 어머니 얼굴이 떠올랐다. "하찮은 일에 무슨 감동? 나는 매일 당신에게 받는 호사인데…." 남편의 사랑 담긴 한마디에 얼른 눈물 자국을 지우고 외출 길에 나섰다. 발걸음이 유난히 가볍고 콧노래가 저절로 나왔다.

한약을 달이며 한옥 뜰에 서 있던 어머니 모습이 떠오른다. 숯불을 사르고 약물을 넘지 않게 지키시던 어머니의 가족 사랑. 그 덕분에 언제나 한약 냄새가 집안 가득했고, 식구들은 돌려가며 한약을 보양이나 치료를 위해 복용했었다.

오늘따라 어머니가 유난히 보고 싶다.

『성동문학』 2020. 20호

봄이 오는 소리

긴 겨울잠에서 아직도 잠든 듯 고요했던 날들, 얼음장 밑으로 봄이 성큼 다가오는 소리를 듣는다. 청계천을 걷는데 아지랑이가 스멀스멀 눈앞에 어른거린다. 물 흐르는 소리도 더 요란해졌다. 봄의 소리다. 지구 위 모든 이들이 코로나로 신음하고 있는 동안 바위 위 새들의 날갯짓은 활발해진 듯했다.

봄이 오고 있었구나! 나뭇가지 위를 보니 나뭇잎도 파란색을 보였다.

자연 앞에 숙연해지는 나 자신을 본다. 겨울 동안 나는 무엇을 했었나?

코로나에 겁먹고 움츠리고 지냈던 날들이 많았다. 알량한 믿음도 멀어지고 친구들도 친척들도 다 멀어졌다. 추위 속에서도 자연은 우리를 봄이란 포근함 속으로 초대했구나. 이런 일이 일상에서의 감사가 아닌가?

이런 마음이 통했던지 "엄마 우리 전철 타고 야외에 나갈까요?" 하는 아들의 전화다. 남편도 기다렸다는 듯이 "그래 운길산에 장어 먹으러 갈까?" 하며 응수했다. 지난주 동네 장어집에서 운길산 얘기를 했었다.

아들네 네 식구가 차를 우리 집에 세우고 전철로 떠났다. 마침 쾌청한 날씨. 봄기운이 살랑거리는 바람도 뺨에 스치는 감촉이 싱그러웠다. 기분 좋은 날이다.

손녀 둘이도 이런 동행은 처음이라 마음이 많이 들떠 있었다. 내 마음도 그랬다. 사랑하는 마음이 이런 것이야. 우리는 마주 보는 자리에서 서로 보며 빙그레 웃었다. 늘 자주 만나지 못했던 아쉬운 정이 결핍된 우리였었다. 만나면 좋은 사이 오늘 아쉬움을 달래자.

전철에 좌석도 여유가 있었고 차창으로 들어오는 봄볕이 따사로워 등을 덥혀 주었고 기분은 계속 좋아졌다.

손녀 둘이는 간간이 사진도 찍으며 흥분을 가라앉히려 애쓸 정도로 들떠 있었다. 언제 이렇게 공부를 떠나 야외로 나간 적이 있었던가? 그러는 사이 많이 성숙해진 손녀들이 대견하다.

아들 고3 때였다. 공부에 지친 머리 식혀준다고 동구릉에 데리고 간 적이 있었다. 책가방을 무겁게 갔던 아들은 내내 책을 손에서 놓지를 못하고 책과 함께하다 돌아왔던 생각이 떠오른다.

운길산역에 도착, 장어집 버스가 기다리고 있었다. 목적지에 닿았다. 큰 홀엔 벌써 많은 사람의 장어 굽는 냄새가 진동했다. 어리둥절할 정도의 많은 사람, 서툴지만 인파에 휩쓸려 장어구이를 먹었다. 나는 장어구이보다 석쇠에 구워 먹는 가래떡이 더 별미였다. 석쇠에 굽는 흰 가래떡, 얼마 만인가? 어릴 적 시골에서의 설 전날 풍경이 떠올랐다.

양조장 집 딸임을 잊지 않고 나에게 복분자 술 한 잔을 건네는 남편, 복분자 술이 이렇게 입에 착 감기는 맛인 줄 오늘 처음 경험했다. 남편과 아들에게는 내가 한 잔씩 권했다. 정말 기분 좋은 날이다. 넓은 마당의 가득한 봄볕에 볼을 스치는 감촉이 좋았다. 시골 오일장이 서고 있었다. 어릴 적 장에서의 추억이 떠오른다. 손녀 둘이는 신기한 듯 장 구경에 분주했다. 나도 5일 시골장 구경한 지가 얼마 만인가? 고향에서의 오일장이 머리를 스쳐 간다.

비가 오던 날의 질척거리던 장날 풍경. "마누라 없이는 살아도 비가 오는 날 장화 없이는 못 산다."라던 말이 있을 정도로 내가 생각하고 있는 장바닥은 정말 질척거리는 진흙탕이었다. 초등학교 때 비가 오던 날의 장날 풍경이다. 오늘같이 맑은 날의 장날은 손님이 법석일 것 같은 기억이다.

은행도 냉이도 그리고 직접 굽는 과자도 샀다. 어릴 적 5일장에 갔던 생각이 났다. 손녀 둘이는 신기한 듯 여기저기 구경하기 바빴다.

과자를 손에 들고 콧노래를 부른다. 여기서 경기도 양평군 양서면 양수리 연꽃축제에 오던 곳을 찾아 걸었다. 두물머리까지 이르렀다. 강변엔 400년 수령의 느티나무가 이곳의 위용을 자랑하는 듯 서 있었다. 많은 인파가 여유로운 봄을 즐기고 있었다. 한 시간 반쯤 걸었다. 장어의 힘인지? 우린 씩씩했다. 3층 카페에 올라갔다. 내려다보이는 경치도 좋았지만, 가족이 오랜만에 함께할 생각에 더욱 기분이 좋았다. 커피 맛이 이렇게 좋을 수가? 시골 할머니가 캔 냉이나물 해먹을 생각에 군침이 돌았다. 공부에 시달리던 두 손녀가 입시 경쟁 속에서 벗어나 자연에 왔다는 생각에 늘 안쓰럽던 마음이 한결 편한 하루였다.

나는 냉이로 구수한 된장국을 끓였다. 며느리는 냉이를 날로 김에 싸서 초고추장을 찍어 맛있게 먹었단다. 냉이 한 가지 가지고도 어떻게 먹느냐?로 세대 차이를 보임이 재미있었다. 냉이의 향기가 입가에 군침을 돌게 한다.

동네에 와서 저녁을 먹고 헤어졌다. 집에 도착을 알려왔다. 이어서 핸드폰에 뜨는 명화(?) 한 편. 둘째 손녀가 우리는 알지도 못한 사이에 여섯 식구의 오늘 하루를 영상에 담아서 보냈다. 감격의 순간들. 무슨 재주인가! 놀랍다. 우리 손녀딸들 아자! 행복한 하루였다.

『성동문학』 2022. 5. 25.

거지가 이 잡는 날

오늘 같은 날은 거지가 이 잡는 날이다. 우리 할머니께서는 추운 겨울날 따뜻한 햇볕이 비추는 날을 이렇게 부르셨다. 눈 오는 날은 추위 중에도 포근하다는 뜻일 거다. 날이 풀리니 거지들이 웃통을 벗고 양지쪽에서 이를 잡을 정도의 추위는 참는다는 뜻이리라.

내 고향 평택 집에는 바깥 넓은 마당 한쪽에 멍석을 돌돌 말아 쌓아 두는 곳을 '멍석 가리'라 했다. 어른 애들 구별 없이 모여드는 양지바른 넓은 마당이다. 한쪽에선 여자 친구들이 모여 공기놀이 고무줄놀이를 했고, 동네 언니들에게 뜨개질도 배우던 곳이다. 나는 증조할아버지 할머니 등에 업혀서 사랑채로 나가 함께 자던 방의 창을 열면 바로 멍석 가리가 보였다.

어느 늦은 여름밤 보리 영글 때라 기억된다. 내가 증조할머니 할아버지와 자는 방 창문이 환했다. 바로 마당 건너에 자리한 우리 정미소에 불이 난 것이다. 그때 그 놀람이란 지금도 잊지 못하는 큰 화재였었다. 화재로 인한 직원의 인사 사고까지 겹쳐 마음고생 많으셨던 아버지의 모습이 몇십 년이 지난 오늘도 생생하게 떠오른다. 많은 농토에, 염전, 정미소, 양조장, 서울까지 운행하던 버스도 여러 대 가지고 계셨으니 늘 분주하셨다. 그때 동네 청년들은 버스 기사로 조수나 차장으로 일했었다. 해마다 가을이면 차를 마당에 나란히 세워 놓고 시루떡을 시루째 놓고 옆에는 돼지머리 고여 놓고 고사를 지내는 일도 일 년 중 큰 행사였고, 동네의 구경거리였었다. 동네 집집마다 떡 돌리던 일도 재미를 더했던 추억이다.

아버지께서 퇴근하시면 어머니가 받아 든 아버지 양복 주머니에선 늘 돈다발이 뭉치로 나왔다. 동네서 우리 아버지는 '걸음 걸을 때마다 돈이 쏟아지는 사람'이라며 동네 부자로 통했다. 친구들은 검정 고무신에 바지저고리를 입고 통학했을 때다. 우리 형제들만 청바지에 스웨터를 입었었다. 서울에서도 종로1가에 오직 하나였던 화신백화점은 아버지와 우리 칠 남매가 옷 사러 다니던 유일한 최초의 백화점으로 기억된다. 어려서의 호사(?)가 지금까지 이어짐에 부모님께 감사할 일이다.

아침에 딴 참외를 우리 버스에 실어 보내셨던 할머니 할아버지의 배려로 신선한 참외 수박도 당일 먹는 호사를 누렸었다. 호강하던 시절 아직 철이 덜 난 탓일까? 새벽 3시 잠에서 깨어 밖에 나가 눈사람을 만든 철부지였던 자신이 부끄럽다. 하얀 눈은 밟기조차 아까울 정도였는데 눈을 뭉쳐 눈사람을 만들던 그때 그 기분은 지금 무어라 표현하기조차 힘들다.

모든 이들의 마음도 근심 걱정 없이 눈처럼 깨끗하기를 바라는 마음 가득하다. 어지러운 세상! 우리의 현 정세가 안정되기를 비는 마음이다. 집에서 가까운 정원에 이르면 거대한 수령 400년 되었다는 거대한 아름드리 은행나무가 나이도 잊은 채 당당히 서 있다. 여기만 서면 저절로 마음이 숙연해짐은 자연의 신비라 여겨진다. 해마다 이 은행나무 아래서 여러 가지 주민들 행사가 열린다. 글짓기, 그림 그리기 등의 행사다. 자라나는 세대들이 이곳에서 자연을 접할 수 있음을 축하해주고 싶다. 맘껏 자연을 누리라고 그리고 사랑한다고.

오늘도 잠 못 이룬 하루였지만 자연에 취하여 밝은 마음으로 오늘을 살아가는 자신이 기특하다. 자연이 선사하는 선물에 감사할 뿐이다. 은행나무의 연륜을 생각하면 인간의 짧고도 유한한 인생을 깊이 생각하게 된다. 깨끗한 세상! 지구상의 모든 이들의 마음도 행복했으면 좋겠다.

나도 벌써 80년을 넘게 살았으니 머릿속엔 이런저런 생각들로 가득 차 있다. 살아 있음에 감사하며 내일을 맞는 자세는 어떻게 해야 하나? 모든 일에 있는 힘을 다해 감사할 수밖에 없음을 깨달은 오늘이다.

『성동문학』 2023. 23호

입학식 단상

손에 든 꽃다발에서 장미와 칼랑코에 향이 코를 자극한다. 봄의 냄새다. 둘째 손녀의 고등학교 입학식에 가는 길이다. 초행길이라 생각했는데, 학교 가까이에 도착하여 돌아보니 설 추석 명절 제사 때마다 큰집에 다니던 길이었다. 이곳의 변화도 예외가 아니어서 새로 개발된 신도시가 천지개벽을 방불케 했다. 입춘 지난 지 한 달, 우수가 지난 지 여러 날이 되었는데도 골목마다 칼바람이 숨어있다.

강당에 들어서자 학부모 자리에는 얼마 되지 않는 하객들이 듬성듬성 앉아 있다. 이래서 '고등학교 입학식에도 가요?' 하고 놀라는 사람이 있었구나 싶다. 자식 칠 남매와 손주 18명의 유치원 입학에서부터 대학원 졸업식까지 꼬박꼬박 참석해 주시던 우리 부모님 생각이 난다. 세월이 변한 것인가, 사람의 마음이 변한 것인가. 문득 한 가지 질문이 가슴을 파고

든다.

대체, 교육이란 무엇인가.

학교장의 환영사 순서다. 미래를 가꾸어 갈 신입생 350명이 마라톤의 출발선에 서 있다. 상대방을 존중하고 사랑을 나누며 배려하면, 그 마음이 선이 되어 돌아온다. 인간은 자신의 존재를 알리는 습성이 있지만, 과장 확대하면 베푼 자부심이 오히려 갑질로 왜곡되는 세상이다. 공동 사회에서 맡은 일에 솔선수범하고, 국가와 사회를 위하는 마음을 가져라. 선택에 최선을 다하고 상급학교 진학 목표도 잘 설정하여 실현 가능한 목표를 세워라. 미래의 삶이 여러분을 기다리고 있다. 여러분은 경쟁자다. 좌절감 속의 성공도 있을 수 있다. 타인과의 경쟁보다 자신과의 싸움에 이기는 자가 진정한 승자다. 구구절절 옳은 말씀이다. 강당을 나서면서 다시 하나의 질문이 일어섰다.

인생은 어떻게 살아야만 하는 것인가.

입학식을 마치고 교실로 함께 이동했다. 교실까지 오는 학부모는 거의 없었다. 오래된 역사만큼이나 출입구 등 교실이 잘 보이게 손본 흔적이 보였다. 교실 뒤편에 각자 사물함이 있어서 무거운 가방을 메고 다닐 염려는 없어서 다소 안심되었다.

1학년 7반 교실 팻말 앞에서 사진을 찍으면서 아버지 생각이 났다. 아버지는 외손녀인 딸아이가 학교를 옮길 때마다 반 표시 팻말과 운동장에 있는 훈화 교단을 찾아, 손녀딸과 나란히 서서 기념사진을 찍으시는 성의를 보이셨다.

지금도 딸은 외할아버지 같은 분은 지구상에 단 한 분도 없을 거라며 회상에 젖곤 한다. 아버지의 옛날을 떠올린 것은 손녀의 고등학교 입학식에서 내가 받은 귀한 선물이었다. 아버지와 함께 가슴을 치밀고 떠오르는 생각 하나.

부모는 자녀를 어떻게 교육해야 하는가.

입학식 마치고 운동장을 돌아 나오는 길. 교정엔 나무들이 무성했다. 산책길로도 훌륭할 정도의 넓은 숲이 보였다. 솔바람 이는 나무숲 양지바른 곳에 세워진 설립자 이운정 선생의 동상이 우뚝 서서 학교를 지켜보고 있다. 동창회에서 세운 이 동상엔 온갖 어려움을 딛고 이루신 설립자의 숭고한 뜻과 추앙의 글이 눈길을 끌었다. 100년 가까운 역사 속에서 굳은 의지와 부드러운 마음을 가지셨던 분이라 기록했다. 손수 사랑이 넘치는 실천으로 졸업생의 가슴마다 현모양처의 정신을 심어 주셨다니, 이보다 더 귀한 덕목이 있던가.

손녀가 학교 배정 후 가고 싶지 않은 학교라며 눈물을 뿌리기도 했다. 기쁜 마음으로 가도 공부가 힘들 텐데…. 가족들의 마음도 무거웠다. 그런데 입학식 날 가 보니 100년 가까운 역사를 지닌 전통 있는 학교라는 생각에 안도감이 들었다. 넓은 운동장과 학교 건물을 둘러싸고 있는 둘레길도 마음에 쏙 들었다. 아이의 마음속에 학교 사랑의 마음이 자랐으면 좋겠다. 슬며시 떠오르는 생각.

학교란 무엇인가.

점심 식사 자리에서 손녀에게 "3년 후 졸업할 때, 원하는 대학의 합격 통지서를 받고, 기뻐하는 자리에 우리가 올게." 라고 약속했다. 아이가 고등학교 생활에서 '나는 가장 존귀한 사람입니다.'라는 자존감을 키워 자신의 미래를 도전적으로 열어갔으면 좋겠다. 만물의 창조주께서 손녀에게 주신 특별한 적성과 달란트를 찾아가는 귀한 시간이 되었으면 좋겠다. 다시 마음속 깊은 곳에서 슬며시 고개를 드는 생각.

교육이란 무엇인가.

『수필오디세이』 2023. 여름호

햇밤

가을이다. 밤의 계절이 왔음에 마음까지 풍성해진다. 올해 들어 아직 밤이 익었다는 소식을 접하지 못했다. 사진으로나마 밤송이를 본 적도 없이 가을을 맞았다. 아마 코로나가 없었다면 여행 중에라도 대했을 일인데 말이다. 병원 가는 길 과일 상점에서 그물망에 담긴 작은 알밤이 눈에 띄었다. 반가웠지만 동네도 아니고 작은 크기도 맘에 들지 않아 아쉽지만 지나쳤다.

다음 날 아침 우연히 신문에서 공주 밤이 껍질을 벌려 금방 쏟아질 듯 영근 탐스러운 밤송이 사진이 눈에 들어왔다. 와아! 밤이다. 이런 밤이 내가 원하는 밤이다. 밤나무 밑에서 있는데 밤송이가 머리 위로 떨어져 밤송이 가시에 찔렸던 생각도 떠올랐다. 아야야…. 정수리에서 피가 난 적도 있었다.

이제 밤의 계절이다. 싱싱한 밤을 맘껏 먹을 수 있구나,

와~ 기분이 좋았다. 금방 밤을 사고 싶었다. 백화점 식품부에서 잘 익은 반들반들 윤이 나는 밤을 만났다. 옥광이라 쓰여 있었다. 굵고 잘생긴 밤알이 하나같이 크기도 똑같았다. 지금 이 글을 쓰는 순간 그 밤이 냄비에서 익어가고 있다. 구수한 밤 냄새가 고향 냄새와 함께 내 코끝을 자극한다. 입맛이 당긴다. 빨리 먹고 싶다.

이때 골프 갔던 남편이 가방에서 풋밤 대여섯 알을 내놓는다. 연한 하얀색 껍질의 풋밤, 물 많고 달짝지근한 맛이 입안을 적신다. 땅에 떨어진 밤송이를 깐 것이란다. 남편도 밤 좋아하는 짝을 알고 있음이다. 찐 밤과 풋밤의 만남, 뜻하지 않은 알밤의 향연이다.

한여름, 8월까지도 식품 가게에 부탁해서 밤을 구해 먹었다. 이제 햇밤, 맛있는 밤을 먹을 수 있다는 자유가 마음을 풍성하게 한다. 다른 과일 중에 밤을 특히 좋아하는 이유는 왜일까? 어릴 때 바로 울타리 뒷동산이 밤나무였고 큰 밭 밤나무 과수원이 있었다. 부엌 나뭇간에 구덩이를 파서 저장하고 명절이나 제사 때 혹 한약을 먹을 때 꺼내 썼다. 아마 한약을 누구보다 많이 먹고 자란 이유도 밤을 좋아하는 동기가 되었는지 모르겠다. 한약 그릇 옆 작은 접시에 올려놓은 엄마의 정성 담긴, 쓴맛을 달래던 입가심용 그 밤.

자신의 전신 쇠약에 도움이 되리라는 막연한 기대도 있었고 한약도 좋지만, 입가심으로 먹는 밤이 한약보다 몸에 더

유익할 수 있다는 얘기를 많이 들어온 터이다. 밤을 따면 뒤곁에 수북이 쌓아 놓고 쌀뜨물로 가마니를 적시어 덮은 후 가시가 있는 겉껍질이 썩도록 며칠을 덮어 둔다. 가마니를 발로 밟아 밤알을 모아 크기별로 저장한다. 밤의 겉껍질 벗기는 일도 가족들의 마음을 모으는 큰 행사였다. 잔손이 많이 가기 때문이다. 또 남은 행사는 할머니께서 굵고 큰 밤을 따로 골라 저장하시는 일이었다. 이 밤은 순전히 오빠를 위한 할머니의 유별난 사랑의 행사였다. 그 일에 대해 아무도 이의를 다는 사람은 없었다.

그 시절에 장손은 대단한 사랑을 받는 자리였기 때문이다. 우리 할머니의 오빠 사랑은 그뿐이 아니었다. 봉당에서 신발 신다가 오빠 신발을 타 넘기라도 하면 할머니께 머리에 꿀밤을 맞았다. 아니면 종아리 걷은 후 회초리 한 대 감이었다. 장남의 특권 중 또 한 가지는 꿀을 긴 청주병에 담아 둔 찬장 위 칸의 꿀 병이었다. 우리는 오빠를 위한 것이려니 여기고 감히 손을 대지 않았다.

그런데 지금도 사촌들 만나면 웃으며 꺼내는 얘기 중 빠뜨리지 않는 우리 자랄 때 레퍼토리가 있다. 사촌이 삼남 일녀였다. 사촌 동생이 자기도 작은 집에서는 장남 아니냐는 주장을 폈다. 감히 의자를 놓고 꿀 병을 꺼내서 긴 나무 꼬치로 꿀을 찍어 먹다가 할머니께 들켜 회초리로 종아리 맞은 얘기를 기억하고 있었다. 그때 그 아픈 기억 때문에 고등학교 교사였을 때, 학생들 체벌 시에도 종아리 때리는 체벌은 안 하게 되더란 말을 했다.

추석이 다가온다. 좋아하는 밤의 추억을 끄집어내다가 일찍 세상 떠나신 오빠 그리고 어머니 아버지 할머니 할아버지 조상님들의 추억이 줄줄이 떠오른다.

옛말에 "밤 세 톨만 먹어도 보약이 따로 없다."라 했듯이 영양을 고루 갖춘 천연 영양제인 밤을 좋아하고 가까이함이 이나마 근근이 버티는 나의 활력인 것 같다.

『한국문학인』 2020. 겨울호 / 『여울문학회』 2020

설렘

작은 흰색 꽃이 실눈으로 나를 마주한 그 날은 아직 2월이었다. 자연 앞에 한없이 보잘것없는 나를 발견한다. 아직은 추위가 매서운데… 시련이 깊을수록 오기가 발동한다 했던가? 눈을 의심했다. 핸드폰을 꺼내 사진에 그 가냘픈 꽃을 담았다. 아들딸에게 전송했다. 엄마의 설렘 현장을 보여 주며, 봄이 옴을 알려 주고 싶어서다. 매화! 눈 속에 피었다면 설중매라 부르는 게 아닌가? 눈이 거의 없었던 올해 겨울이었다. '눈 속에 너라면 더 아름다웠을 텐데(?)' 매화는 매(梅), 난(蘭), 국(菊), 죽(竹) 중 달빛과 잘 어울린다고 여긴 꽃이다.

옛 선조들의 작품 속에서 빛을 냈던 꽃이기도 하다. 바람결에 실려 오는 짙은 매화 향기에 놀라, 사방을 두리번거리다가 안개 속에 드러낸 아름다운 광경을 보고 더욱더 놀라 감탄하면서 시를 읊었을 옛 시인들을 떠올린다. 산문은 잊히지만 시는 긴 여운을 남긴다 했다. 매화의 고귀함을 사랑한다.

배가 움직임은 보이지 않는 바다 위의 바람과 바닷속에 흐르는 물결이라 했다. 우리 동네에도 겨울이 말없이 봄을 밀고 다가왔음을 알았다. 꽃 소식은 힘이고 기쁨이 되기를 바라는 마음이다. 봄 꽃동산이 펼쳐지려는 시작이다. 우리의 끈질긴 삶이 봄을 밀어 당긴 힘이라 여기고 싶다. 운동 틀을 잡은 채, 작은 꽃들이 피어나는 소리를 듣는다. 이보다 더 행복한 시간이 있을까? 거의 이어지는 나의 일상이다. 새벽 기도 후 동네 교회에서 나오는 길, 고요한 밤의 연속처럼 환한 아파트 단지다. 운동 기구들이 있는 넓은 마당은 늘 나 혼자의 독차지다.

남쪽 지방 작가들에게서 매화꽃 개화 소식이 전해왔다. 아무래도 남쪽 지방엔 꽃 소식이 늘 더 빠르다. 봄이 되면 많은 사람들이 꽃구경 나들이로 길에 나선다. 무거운 겨울을 벗어버리고 싶은 마음의 발로라 여겨진다. 이런저런 일을 접고 잠시라도 이런 행렬에 낄 수 있음은 행복 아닌가? 미세먼지의 심술은 계속될지언정 꽃을 찾아나서는 들뜬 기분은 못 잡는다. 봄 아니던가? 봄의 힘은 위대하다. 아름다운 행진이다. 미세먼지의 해결책이 속히 나오기를 비는 마음 기특하다. 미세먼지의 심술쯤은 안중에도 없다.

꽃이 만발하는 3월은 꽃 대궐로 변하듯 우리들 마음도 맑고 행복한 날들로 이어지기를 빈다. 자연의 신비함 속에서 산다는 것이 무엇인지를 생각한 가슴 설렌 아침이었다.

『문예사조』 2019. 7월호

휴대폰 속 10대들

감색 교복에 흰 칼라의 앳된 여학생들, 담임이셨던 박 선생님 휴대폰 속에 겹쳐 앉은 듯 포즈를 취한 67명. 60년 전 고등학교 1학년 2반 친구들이다. 지금은 다 할머니가 된 계집애들이다. 담임 선생님 휴대폰 속에 수북하게 앉아 있는 우리다. 요즘과 비교하면 얼마나 많은 학생 수인가? 딸이 담임한 고1 학생 한 반이 20명이 안 된다니 격세지감을 느낀다. 촘촘히 포즈를 취한 우리들 사이로 꽃밭에 앉으신 듯 활짝 웃으시는 한 젊은 오빠(?)는 담임 선생님이셨다.

작은 사진 속에서도 얼굴은 모두 생각나는데 이름은 잘 떠오르지 않는다. 세상 떠난 친구도 몇몇 있음이 마음 아프다. 금수저 흙수저의 구별도 없이 순수했던 옛날이었다. 교실이 비좁을 정도의 몸집들이었다. 우리는 서로 부딪히며 왁자지껄 웃음이 그치지 않고 지낸 추억의 고교 1학년 2반이었다. 화

자란 이름이 한 반에 4명이나 되었던 일도 추억거리다. 편의상 화자 a, b, c, d로 구분했던 시절이었다. 이름도 유행이 있었다. 지금도 우리들 사진을 휴대폰에 저장하고 계심이 가슴 벅찬 감동이다. 아마 처음 부임해서 맡으신 담임이라 감회가 남다르셨던 것 같다.

그 시절로 돌아가고 싶은 마음, 나에게만의 설렘일까? 17세 꽃다웠던 시절, 낙엽 굴러가는 것만 보아도 데굴데굴 굴듯이 웃음 터뜨리던 우리였다. 담임을 맡으셨던 선생님께서 미국에서 오셨다. 연락 받고 동네 사는 친구와 선생님을 시내 한 중식당에 자리를 마련해 모셨다. 밀린 대화 중에 사모님과 사별하신 후 지금 사모님을 만난 얘기며, 1남 3녀를 두셨는데 다 효성이 지극하다는 자랑도 하셨다. '선생님께서 복이 많으시구나.' 하는 생각이 들었다. 우리 가르치실 때 우리 학교에서는 물론 서울 장안에서 유명한 수학 선생님이셨다. 그때는 학교 수업 후 다른 학원의 강사로 강의하는 제도가 허락된 때였다. 같이 간 친구는 반장이었으니 확실히 기억하고 계셨고, 수학을 못했던 나는 문학소녀로 기억하고 계심이 감사했다.

우리와 10년 정도의 연령 차이뿐이셨다. 88세에 허리도 꼿꼿하시고 시력도 청력도 좋으셨다. 6.·25 참전용사였다고 자랑도 하셨다. 졸업 후 한 번 뵌 적이 있었고, 거의 반세기만의 스승과 제자와의 만남이었다. 벅찬 감격이 목까지 차오름은 '또 뵐 수 있을까?' 하는 생각 때문이리라. 늘 찾아뵙던 스승님들께서 거의 세상을 뜨셨다. 연락을 주셔서 귀한 스승님을 뵐 기회 주심에 감사드린다.

미국 어디, 어느 교회를 가셔도 제자가 한둘씩 있어 반겨주기에 교육자였던 자신이 자랑스럽고, 좋은 제자 있음이 흐뭇하다고 하셨다.

댁에 가셔서 문자를 주셨다. “학용 선생! 집에 와서 보니 너무 과분한 대접을 받아 부담을 느끼네. 옛날 내 스승께서 하신 말씀이 생각나네. ‘제자 만나면 그 제자를 먼저 대접하게.’라고 하신 말씀이. 다음에 만나면 나도 이 말씀 실천할 수 있는 기회를 갖고 싶어.”라고. 같이 간 반장이 점심을 대접했고 내가 ‘사모님 모시고 식사 한번 하세요.’라고 써 드린 작은 성의 담긴 봉투에 부담을 느끼셨나 보다.

뵙고 한 달이 지났다. 어떻게 지내시는지 전화 한 번도 못 드렸다. 어제 전화로 내일 미국으로 떠난다고 하셨다. 처음 오셔서 전화하실 때보다 음성에 힘이 없으셨다. “또 나오시면 꼭 전화 주세요. 선생님.” “또 나올 수 있을지?” 전화가 멀어지며 떨리는 음성이셨다. 선생님! 죄송해요, 전화도 못 드렸네요. 한 번이라도 더 모실 걸 후회가 되었다. 남은 여생 기도하시는 장로님으로 강건하시기를, 그리고 미국과 한국을 더 왕래하실 수 있는 건강의 복을 빌며 사제 간의 정을 느꼈다.

스승님의 휴대폰 속 67명이 함께 웃는 정다운 미소가 머릿속에 저장되는 행복한 순간이다.

『여울문학회』 2020.

친구

요란한 벨 소리! 추석 며칠 전 비 내리는 늦은 밤이다.

모자를 푹 눌러쓴 사람이 화면에 비친다. 지하주차장, 이 늦은 시간에 누구일까? 문을 여니 벌써 택배 상자를 던지고 갔다. 송편이었다. 깨와 팥을 넣은 아직도 식지 않고 말랑한 송편이다. 보낸 사람은 볼 것도 없이 친한 친구 성자가 보낸 선물임을 금방 알았다. 그 자리서 정신없이 몇 개를 단숨에 먹었다. 꿀맛이다. 떡보인 내 입맛에 꼭 맞는 떡을 만났다. 밥보다 떡을 더 즐기는 나를 아는 사람들은 나를 떡보라 부른다. 이 친구도 내가 떡을 좋아하는 줄 알고 있다.

22년 전, 위 수술 일정을 잡아놓은 추석 며칠 전이 다시 떠오른다. 수술의 두려움에 많이 떨고 있었다. '수술하면 올해 추석 송편은 물론 좋아하는 떡을 먹을 수 없겠구나.' 하는 생각에 걱정이 앞섰다. 이 마음을 알아차린 언니가 추석 전에 송편을 손수 만들어 왔다. 얼마나 많이 먹었는지 다 놀라서 걱정을 많이 했다. 그때 내 생각은 먹고 싶은 것 실컷 먹자! 죽을지도 모르니 하는 생각이었다.

이렇게 떡을 많이 먹고도 소화 잘 시켰는데 무슨 수술을? 항암제 4회 맞은 결과라 생각했다. 식구들은 축하 잔치라도 열려던 분위기였다. 암 덩이를 줄여서 수술하자고 했다. 최종 검사한다고 개복수술을 한다던 날이다. 개복 후 그냥 닫은 줄 알았다. 하늘이 무너지는 것 같은 내 심경의 변화를 어쩌란 말인가?

수술 의사 두 명의 대화 속에서 위 완전절제를 알았던 순간. 하늘이 노랗게 보이며 살고 싶지 않았다. 여덟 시간이나 걸린 수술이었단다. 수술 부위의 통증이 심한 상태라 '왜 보호자와 상의도 없었냐?'는 말 한마디도 못하고 울기만 했다. 내가 의학용어를 알았어도 당장 알아채지 못했을 일이었다. 봉합한 자리가 터질 것 같은 통증, 소리 질러 울고 싶은 마음을 꾹 눌러야 했다. 위궤양이라고 했어도 눈치 채신 부모님 때문이었다. 그때 부모 마음은 내가 부모 되어 보니 충분히 알 만했다. 떼어낸 위를 조직검사 하니 또 항암제를 맞아야 할 상황은 아니라 했다. 그 결과만도 천만다행이라 여길 수밖에 없었다.

그 후 힘들어하는 나를 안으시고 '쓸개 없는 놈 사는 것은 보았어도 밥통 없이 네가 어찌 살아갈 것이냐'며 통곡하시던 아버지의 그 외침. 할머니 돌아가셨을 때보다 더 큰 울음이었음이 지금도 마음 아프다. 그리고 추석 때마다 떠오르는 가슴 아픈 추억이다.

아들딸은 요즘도 그때 다른 병원 한 군데 더 가 봤으면 위 전체를 다 떼 내지는 않았을지도 모른다며 아쉬워할 때도 있다. 엄마의 삶에 위 없는 고통을 보고 안타까워하는 마음 때문이리라.

오늘은 담석증 때문에 6시간 금식 후 CT 검사를 한 날이다. 한 시간 전 치과 치료도 했다. 물 한 모금도 마시면 안 되는 검사다. 시간 아낀다고 한날에 예약을 했더니 힘든 날이다. 검사 후 어지럼증 때문에 누구나 겁을 내는 검사였는데 다행히 심한 어지럼증 없이 잘 끝냈다.

검사 후 먹고 싶은 게 많았다. 그래도 속이 제일 편한 전복죽이 좋을 거라는 남편의 권유를 따랐다. 점심 겸 저녁으로 잘 먹었다. 저녁밥이 좀 일렀었기에 좀 출출함도 느낀 순간이었다. 기운 없어 일찍 자려던 차에 송편을 만난 것이다.

나보다 몇 해 전 폐암 수술 후 많이 힘들어했던 친구가 보냈다. 하던 일을 다 접고 아내만을 위해 헌신하고 있는 남편과 가족들 덕에 많이 좋아졌다. 요즘은 살림도 한다. 자주 만나지는 못해도 마음이 통하는 친구다. 이번엔 친구에게 추석 선물도 못 챙겼음이 심히 송구스럽다. 친구의 정성으로라도 내가 살아야 할 이유가 충분하다.

고등학교 때 위궤양을 오래도록 앓았던 나다. 엄마가 죽을 쑤어서 수위실에 맡기고 가셨다. 칠 남매에 얼마나 분주한 살림이셨을까? 요즘 뼈저리게 실감하며 부모님께 불효했던 일들이 생각난다. 엄마가 가져오신 죽을 먹는 시간에 맞추어, 학교 앞 자취방 연탄불에 물을 데워오던 친구다. 나갈 때마다 담임 선생님의 외출증을 받아야 하는 번거로움도 아랑곳하지 않았다. 돈암동서 전차로 북아현동까지 오는 엄마는 엄마라서지만, 송편 보낸 친구야말로 지극정성인 친구다. 오래도록 우정을 나누고 싶다. 그 고마움은 하늘이 갚아 주셔야 할 감사라 여긴다. 추석 후 친구를 불러 전화로만 나누던 밀린 정을 나누어야겠다.

『여울문학회』 2020.

이런 게 행복

골프는 나에게 일상에서 탈출하는 자유와 함께 처음 만난 신천지다. 골프를 하면서 느끼는 기쁨은 진정 마음으로 전해지기에 매력을 더한다.

스코어에 매이지 않고 즐겁게 숏홀, 미들홀, 롱홀을 지나다 보면 아쉬울 때가 18홀째 마지막 홀이다. 더 신중하게 칠 걸~ 지나온 네댓 시간을 반성한다. 인생도 지나온 세월이 아쉽고 후회가 많다. 인생을 배우는 운동을 즐길 수 있음에 감사한다.

아들 내외와 대화할 시간이 없음을 늘 아쉬워하던 남편의 제안으로 아들 내외와 우리 내외 네 명이 한 조가 되어 치는 골프 모임을 만들어 매주 목요일 필드에 나갔다. 매주 목요일은 기다리는 요일이 되었다. 이른 아침 예약 시간에 맞추어 출발한다. 가는 중간 올갱이 해장국 집에서 만나는 것도 큰 기쁨이다. 올갱이를 처음 먹어 본 집인데, 몇 년째 즐겨 찾는 맛집이 되었다.

아들 내외를 만나는 순간 비몽사몽 간의 덜 깬 잠에서 정신이 들면서 해장국 맛에 젖어든다.

신나는 라운딩 동안 더 기분 좋은 일은 며느리가 준비해 오는 정성 담긴 간식이다. 예쁜 용기에 우리가 좋아하는 과일 등을 준비해 온다. 출출해 간식 생각이 날 때 색색이 색깔까지 맞추어 담아 온 간식은 먹기조차 아까울 정도이다.

이때의 행복지수는 최고조에 이른다. 시아버지의 입이 귀에 걸리는 순간이다. 늘 가족 사랑을 실천하는 며느리가 예쁘기만 하다. 우리는 며느리를 천사라 부른다. 눈물을 머금고 이런 행복 철철 넘치는 가족 골프의 기회를 접은 지 1년이 되어 간다. 뜻하지 않은 며느리의 건강 때문이다. 다시 그런 행복한 날이 올 것을 믿고 기다리는 중이다. 착잡한 마음을 잡기 위해 세상에서 할 줄 아는 것이라고는 골프밖에 없어 다시 시작했다. 아파트 실내 연습장에 두었던 골프채를 다시 꺼내니 만감이 교차했다. 착잡한 마음이다. 며느리의 완치를 위해 기도에 집중해야 되는데…. 망설였지만, 필드에 자주 나가는 남편의 간절한 권유에 못 이겨서 하기로 마음먹었다. 이렇게 마음이 헷갈리는 일은 드문 일이다.

그간 어깨 인대 파열로 통증이 심하여 쉬던 중이었다. 운동 후 통증은 있어도 오히려 심신의 활력은 증진되는 듯하여, 스크린 골프 포함해서 연습도 함께 즐기는 중이다. 한 타 한 타 칠 때마다 어울리는 '굿샷'이라는 격려의 말들이 마음을 즐겁게 해 준다. 양손 열 개 손가락의 퇴행성 관절염으로 평소에 통증도 심하다. 온몸 안 아픈 곳이 없어 잠을 설칠 때도 많다. 오늘을 잘 버틸 수 있을까?

심한 어깨 통증도 골프채만 잡으면 칠 만하다. 무슨 조화일까?

더 늙기 전 '나이스 샷'을 날리고 싶은 간절한 마음 때문일까? 그보다 내가 건강을 지켜 아이들에게 짐이 되지 않게 하려는 간절한 염원 때문이기도 하다.

40그램 무게의 공이 날아가 사뿐히 보내고자 하는 페어웨이에 안착시킬 때의 쾌감은 그야말로 기분 짱이다. 지름 10.8센티의 구멍에 공이 굴러 들어가면서 내는 '땡그랑' 맑은 울림의 소리는 모든 스트레스도 날리는 명약(?)이다.

이 맛에 골프를 한다고 해도 지나친 말은 아니다. 거듭하다 보면 홀인원도 나오겠지? 기대해 본다. 남편은 1992년 300명이 참가하는 뉴서울CC 이사장배 골프대회에서 우승했다. 1999년 더 수원CC 이사장배 골프대회에서도 준우승한 전력의 소유자인 남편의 한마디 조언은 그대로 원 포인트 고가의 레슨이다. 일상에서 탈출하는 자유와 건강도 챙기는 일석이조의 기쁨을 함께 챙기고 싶은 마음은 욕심일까?

골프를 하면서 느끼는 몸의 기쁨이 진정 마음으로 전해지기에 매력을 더한다. 바람에 욕심을 더하자면 내 체중을 40킬로대에서 50킬로대로 올리는 일이다. 내 체중에 관해서는 온 가족들의 염원이기도 하다.

골프! 더 신중하게 칠 걸. 지나온 네댓 시간을 돌아보게 된다. 새 공을 물에 빠뜨리거나 숲속으로 날렸을 때, 모래밭에 빠뜨렸을 때 골프 게임이 우리의 삶과 같다는 생각을 하게 된다. 건강할 때 열심히 연습해야 보통의 실력이 되는데 연습 부족의 소치라 반성할 때도 있다. 20년 이상의 구력도 꾸준히 하지 않으면 별 효과가 없는 것 같다. 어떤 재벌 총수가 했다던 말이 생각난다. "아들딸 낳는 일과 골프는 마음대로 안 되더라."라는 말이다.

건강을 위해 즐거운 마음으로 자기 연령에 맞게 계속 운동하는 것 '이런 게 행복'이라 생각한다. 마음대로 안 되는 게 어찌 그뿐이겠는가.

『문예사조』 2021. 12.

남편과 골프사랑

단내 물씬 풍기는 잘 익은 노란 참외 가득 든 상자를 들고 현관에 들어서는 남편, 미소가 환하다. 오늘도 우승이구나! 와, 오늘도 내 짐작이 맞았다. 새벽 5시 반에 나가 오후에 돌아온 남편은 피곤한 기색도 없이 의기양양하다. 이 넘치는 정력은 어디서 나오는 걸까? 그리고 언제까지려나?

골프 실력! 신체 조건으로 보면 장타를 날릴 조건을 갖춘 체격도 아니다. 남들이 말하듯이 남다른 부지런함과 끈기 있는 연습이 80대 중반인 남편에게 많은 도움이 되는 것으로 생각한다. 매사에 근면 성실한 생활 습관. 어느 친선 골프 모임에 가도 우승 후보 대열에 드는 인정받는 골퍼다. 젊은이도 몇 년에 한 번 하기 어렵다는 사이클 버디(cycle Birdie)를 했다며 골프장에서 받았다는 증서를 보여 주어서 주위 골퍼들을 깜짝 놀라게 한 일도 있었다. 2020년에는 '88컨트리클럽' 동코스 3번 홀에서 이글(EAGLE)을 했다며 증서를 보여 주기도 했다. 2007년 유월에는 홀인원을 하기도 했다.

아주 오래된 일이지만 1992년 연령 제한 없이 선별한 300명이 출전한 '뉴서울 컨트리클럽' 연중행사인 회원 친선 골프대회에서 우승한 기록도 있는 남편이다. 1999년에는 '더 수원' 연중행사인 회원 친선 골프대회에서 투 벌타를 먹고도 준우승의 쾌거를 올렸다. 오래된 일이라 모두 잊고 지냈는데 컴퓨터 방을 정리하다가 우승컵과 준우승컵을 보고 새삼 놀라기도 했다.

요즘도 새벽 4시 반이면 골프 연습장으로 향하는 골프광이다. 일주일에 2회 정도는 필드에 나간다. 나는 요즘 남편과 함께했던 운동 중 골프는 거의 손을 놓은 상태다. 앞으로 건강이 회복되면 다시 시작해야지 다짐해 본다. 40년 가까이 골프를 했으니 프로에 입문해도 될 정도의 남편 골프 실력! 끈기와 집념이 골프 프로급(?)의 실력을 쌓은 근본으로 보인다. 표준에 못 미치는 체구라는 열악한 조건의 고령이지만, 골프 실력만큼은 청년이 무색할 정도의 실력을 유지하고 있는 것 같이 생각된다. 모든 일에 성실함이 운동에도 일조를 하는 셈인 듯하다.

남편이 골프를 언제까지 할 수 있으려나? 좋아하는 운동을 즐긴다는 것이, 건강 비결인 것 같다. 아내인 나는 곁에서 늘 박수로 힘차게 응원하는 후원자가 되었다. "파이팅! 당신이 최고! 칭찬의 박수를 받으며 이어가는 노년의 인생에 당신이 섰습니다.” 목표를 향해 보내는 골프공의 착지점처럼 인생의 평탄한 길이 이어져 무난하고 행복한 노년의 정점을 찍었으면 하는 것이 우리 온 가족의 바람입니다.

“윤백중 골퍼 파이팅! 우리가 기도로 응원할게요! 사랑합니다!”

『여울문학회』 2023. 25번째

동양의 파리

쑤저우에 있는 실크 가공공장에 갔던 적이 있다. 쑤저우는 상하이 서남쪽으로 한 시간 거리에 있다. 20년 전 갔을 때는 비포장도로에 고속도로도 없고 2시간 이상 걸렸던 곳이다. 누에고치에서 실을 자아내어 이불과 스카프 등 각종 의류제품을 생산하는 공장이다. 바로 옆에 넓은 매장이 있다. 현대인의 생각으로는 별로 볼 것이 없으리라 생각하며 들어갔다. 공장 책임자의 안내를 받았다. 현장을 보여 주며 자세한 설명을 했다. 간단한 기계에 몇십 명의 공원들이 작업을 하고 있었다.

어릴 적 할머니가 누에고치로 명주실 자아내던 부뚜막. 그곳에 앉아 서로 다투며 먹던 번데기 생각이 떠올랐다. 그렇게 고소해서 먹던 번데기를 언제부턴가 징그러운 생각에 쳐다보지도 않은 지 오래다.

몇 해 전 시골 친구 집 점심상에 번데기를 올려 지금도 번데기가? 놀란 적이 있다. "귀한 번데기 친구 주려고 구해서 볶았다."는 말에 다른 반찬도 못 먹었다. 모양도 냄새도 이젠 어릴 적 추억 상자에 담아있을 뿐이다.

좋은 누에고치를 골라 고급 제품용으로 분류하고, 못생긴 쌍둥이 누에고치는 이불감을 짠다고 했다. 누에고치 14,000개를 풀어야 1인용 이불 한 개를 만들 수 있다고 설명했다. 누에고치에서 실을 풀어 다시 결합하는 과정은 반자동으로 처리되고 있었다. 일하는 사람들은 4~50대 부인들로 보였다. 공장 내부를 한 바퀴 돌아 이불이 만들어져 나오는 과정을 모두 지켜보았다.

지금 기억으론 2인용 실크 이불이 400위안, 고급 1인용 이불이 430위안이었다.

누에가 뽕잎 갉아먹는 소리가 비 오듯 사각사각 들려도 가까이 지나다니지도 못했다. 징그러워서 쳐다도 못 보던 누에 번데기를 먹었고, 누에고치에서 자아낸 명주 이불이 혼수가 되었다. "명주 바지저고리를 입으면 이웃까지 따뜻하다."는 말만 미루어 생각해도 명주의 따뜻함을 알 만하다. 지금의 실크가 아닌가? 할머니가 베틀에서 짠 명주는 고운 색 물감을 들여 손질 후 안방 다락 함에 한지로 싸서 보관하셨다. 손녀 딸들 혼수로 이불을 만들고 폐백드릴 때 쓰는 기다란 수건을 만들기도 하셨다.

넓은 공간은 모두 판매장이다. 수십 명의 판매원이 안내하며 중국인 특유의 상술을 발휘하여 집중 판매 전략을 동원하는 모습이 보인다. 많은 종류의 상품이 매장을 꽉 채우고 있었다. 화려한 색의 물건들 구경도 하고 쉼터 공간에서 차도 마셨다. 스카프의 가격은 보통이 15달러 수준이다. 저가품은 5달러짜리도 있다. 고급품은 100달러가 넘는 것도 있다. 스카프가 매장의 반 정도 차지하고 제품도 다양하다. 일행 중 여러 사람이 이불을 샀다. 나도 15달러짜리 스카프 몇 장을 샀다. 그렇게 많은 물건 중 고르는 경험은 이번 여행에서 처음 맛본 재미 중 하나였다.

그 지방의 집들은 대부분 2층이나 3층으로 되어 있다. 1층은 더워서 살기 힘들고 물의 도시라 장마 때는 물에 잠겨서 살 수가 없다. 시내에는 특이한 가로수가 있다. 향자나무라고 하는데, 중국 전체를 통틀어 쑤저우에만 있는 나무라고 자랑했다. 좋은 점은 이 나무 근처엔 모기는 물론 벌레가 생기지 않는다고 했다. 그러니 여름에는 많은 사람들이 이 가로수 아래서 잠을 자기도 한단다. 쑤저우는 도시 전체가 운하로 되어 있고, 도시를 가로지르는 운하 때문에 동양의 베니스라는 별칭도 있다. 옛날, 사람이 많이 살지 않고 공해가 없던 시대에는 운하의 물을 그대로 먹었다고 한다. 그때는 정말 그림같이 아름답고 고풍스러운 도시였을 것이다.

춘추전국 시대에는 오(吳)나라의 수도였고 당나라 송나라를 거치면서 유명한 상업 도시로 발전하였다. 소동파 등 많은 문인이 모였던 곳이다. 명나라 때 쑤저우는 '동양의 파리'로 불릴 만큼 패션의 도시로 명성을 날린 도시다. 비단이 유명하여 소단(蘇緞: 쑤저우 주단)이라는 이름이 붙을 정도로 중국 전역에 알려진 곳이다. 날씨가 따뜻한 화중 지방 남쪽의 좋은 기후 조건으로 누에치기에 알맞고, 능률적인 생산 활동으로 많은 수요를 감당하고 있다. 자수 부채 등 고급스러운 제품을 다량 생산하여 판매하고 있다. 부채를 최고로 치는 것은 실크(비단)로 만든 상품으로 가볍고 부드럽고 습기가 없는 장점이 있다.

도시 전체가 운하인 쑤저우에서 실크가 발달된 원인을 알 만했다. 상술도 뛰어나고 직접 생산하고 판매로 연결하니 수출도 많아 '비단 장수 왕서방'이란 말이 조선에까지 알려졌다. 동행자 중 부모님 세대가 누에를 길렀던 지난 이야기를 자랑삼아 하는 이도 있었다. '동양의 파리'라는 말이 실감 난 여행이었다.

『수필문학』 2020. 6월호

머위나물

지난 수요일이다. 수필반 수업을 마치고 학교 근처 점심 식사 자리에서였다. 메뉴는 평범한 고등어구이. 평소 좋아하던 고등어를 만난 것이다. 식사 중 어느 선생님 한 분이 작은 도시락 찬 그릇을 내민다. "머위나물이에요. 된장에 묻혔어요." 하며 뚜껑을 연다. 순간 코끝에 상큼한 내음이 나는 듯하여 눈이 크게 떠졌다. 찬 통이 열리는 순간 아! 머위나물은 된장에 무치는구나? 나는 귀동냥하듯 머위나물 무침 법을 챙겼다. 된장 냄새가 벌써 침샘을 자극했기 때문이다. 한 가지 배웠네! 귀한 정보라도 얻은 듯하여 기분 좋았다. 그러다 내가 주부임이 맞나? 얼굴이 뜨겁게 달아올랐다. 순간 코끝에 스치는 청량한 나물 내음이 봄과 함께 온 듯 반가웠다. 봄나물 냄새! 머위나물이 우리 곁에 봄과 함께 온 것이다. 봄이란 이름처럼 상큼했다.

머위나물 하면 사찰 음식이면서 혈관 청소부라 알려질 정도로 동맥경화 같은 질환에 좋다는 얘기는 늘 들어 왔었다. 나는 머위나물에 대해 더 이상 아는 게 없다. 아니, 한 번도 식탁에 올린 적도 없는 나물이었다. 앞으로는 머위나물과 가까이하여 가족들 건강에도 신경을 써야겠다고 다짐한다. 머위 뿌리가 가장 약성이 좋은 계절은 가을부터 봄까지라 들었다.

머위를 데칠 때는 끓는 물에 소금 반 티스푼 넣어 2분 30초 정도 데쳐야 한다는 것도 알았기에 다음 머위나물 손질할 때 참고해야겠다. 요즘이 머위나물 먹기 좋은 시기라는데 이 봄이 가기 전에 가족 식탁에 이름도 정다운 머위나물을 정성껏 자주 올려야겠다.

요즘 나이 들어 건강에 관심을 가지다 보니 머위나물에서 칼슘도 취해 보자는 생각도 하게 되었다. 이 선생님 덕분에 머위나물이란 이름의 고급 메뉴로 대접받은 날이었다. 가벼운 발걸음으로 집으로 향했다. 새로운 메뉴를 만날 수 있는 식탁은 행복을 가득 싣고 온다. 오늘 저녁 식탁엔 오랜만의 별식으로 머위나물을 남편의 식탁에 올려야겠다. “와! 맛있네.” 남편의 칭찬이 벌써 귀에 들리는 듯하다. 머위나물! 고맙다. 너로 인해 참 행복했던 날이었다.

『여울문학회』 2023. 25번째

방울토마토

아침 식탁 준비로 방울토마토를 끓는 물에 넣었다가 믹서에 갈았다. 갈기 전 하나하나 껍질도 깐다. 언제부턴가 껍질을 까서 먹는 습관이 생겼다.

몇 년 전 방울토마토 생각이 떠오르는 아침이다. 오빠 내외분이 딸네 네 식구와 평창으로 피서를 떠났다. 오빠는 대장암으로 투병 중이셨다. 수술 후 딸 내외가 친정 부모님을 모시고 간 피서였다.

우리는 이미 피서를 다녀온 후였다. 오빠가 평창에 가셨다니까 갑자기 평창으로 달려가고 싶었다. 언제 오빠와 시간을 같이할 수 있을까? 가슴이 쉴 새 없이 뛰었다. 오빠와 같이 지낼 날들이 얼마 남지 않았다는 방정맞은 생각이 머리를 스치며 발동이 걸렸다. 오후 시간인데 오빠 뒤를 따라가고 싶다고 했더니, 남편은 두말도 않고 쾌히 승낙했고, 급히 서둘러 준비를 하고 평창으로 달렸다. 내 마음을 읽어주는 남편이 항상 고맙다.

가면서 여러 차례 통화를 했다. 도착 후 들으니 우리가 간다고 방도 넓은 곳으로 옮기고, 준비를 많이 했음을 알았다. 조카와 조카사위의 배려였다. 도착하니 온 식구가 기다리고 있었다. 우리는 오래 못 만났던 사람들처럼 얼싸안으며 반가워했다.

내 짐 속엔 나도 모르게 챙겨 넣은 물건이 있었다.

아무도 생각 못했을 물건은 하모니카였다. 나도 놀랐다. 두어 번 배운 하모니카를 무슨 용기로 가져갔을까? 동요 한 곡도 연주(?)할 줄 모르는 하모니카를…. 다만 용기였다. 그냥 오빠에게 내가 하모니카를 배운다는 신선한 충격을 드리고 싶었을 뿐이었다. 동요를 들려 드렸다. 손자 손녀도 하모니카에 관심이 많은 듯 귀를 쫑긋 세운다. 오빠는 손뼉을 치며 좋아했다. 음치 집안의 딸인 동생이 하모니카를 들고 왔으니 그럴 수밖에…. 그냥 몇 소절이라도 들려 드려 옛날을 회상하며 좋아하실 거리를 찾았는데 효과 100프로였다. 형편없는 실력(?)과 순수한 발상은 많이 쑥스러웠지만, 과분한 칭찬에 놀랐다. 이 칭찬은 평소에도 느끼던 나에 대한 배려였다.

아마 지금도 계셔서 하모니카에 관심을 보이셨더라면, 오늘의 내 하모니카 실력은 향상되지 않았을까? 운전 연수 때 생각이 난다. 오빠가 옆에 앉아만 계셔도 겁 없이 달렸고, 오빠만 내리면 떨리던 생각이 살아났다. 오빠는 나의 힘이고 용기를 주신 분이셨음을 익히 알았던 나였다.

이튿날 자고 나니 오빠가 부엌에서 바삐 움직이고 계셨다.

방울토마토를 사다가 끓는 물에 데쳐 껍질을 까서 식구 모두의 몫을 놓고, 아침 식사 전 먹기를 권하셨다. 자상하신 평소 습관 같은 그 손길을 당연한 것처럼 받아들였지만, 우리 아버지를 닮은 자상함까지도 엿본 기회였다. 그래서 엄마 아버지까지 생각나게 한 평창에서의 아침이었다. 큰아들인 오빠가 평창에 오셨다니 엄마 아버지 영혼이 이곳에 오신 것 같은 그런 기분이었다.

오빠에 대한 추억은 수없이 많지만 방울토마토를 떠올리며 평창에서의 기억이 다시 살아났다. 그때 평창에서의 피서는 그해 여름을 만끽하기에 손색이 없었다. 그 좋아하시며 크게 웃으시던 얼굴빛, 광채까지 났었다. 병세가 좋아지시는 것 같아서 우리는 의기충천했다. 다음 해 여름 다시 평창 알펜시아 콘도에 예약된 날. 그날이 오빠의 천국 환송 잔칫날이 될 줄이야! 어쩜 이런 우연이…, 아니 악연이…. 기다림이 슬픔으로 바뀐 순간은 어이없고, 하늘이 무너지는 듯했다.

평창은 손자 손녀가 호기심을 자극하기 딱 맞는 작은 마을이면서도, 아기자기한 유럽 어떤 작은 도시의 맛도 느낄 수 있었던 곳이었다. 오후 해 질 무렵 노을 지는 마을 풍경. 언젠가 유럽에서 본 듯한 중세 마을의 그림처럼 내 눈에 담겼다. 목장이 있어 코를 찌르는 냄새에도 낭만이 있었던 곳이라 기억된다. 올해 유난히 동계올림픽으로 세계인이 모인 화제의 도시가 된 평창의 겨울. 오빠와 피서했던 평창을 떠올린다. 그 자상하던 오빠의 손길이 사무치게 그립다.

오빠 떠난 세상은 백지 같았고 세상이 멈추는 듯했는데, 손자 손녀는 항상 할아버지를 떠올리며, 성장해 중학교 2학년, 초등학교 3학년이 되었다. 유리 그릇 다루듯 보살펴 주셨던 밑거름의 힘이 우리에게 기쁨을 더해준다.

『PEN 문학』 2018. 143호

시루떡 잘 찌는 여인

오늘도 푹푹 찐다는 말이 어울리는 뜨거운 날씨다.

며느리가 "어머니 떡 가지고 왔어요." 하며 들어선다.

아들네 이웃에 사는 내 친구가 또 떡을 해왔다며, 떡 좋아하는 나를 위해 가지고 왔다. 벌써 여러 차례다. 바쁜 시간을 내어 시어머니를 챙기는 마음이 늘 예쁘다. 떡은 아직도 따뜻했다. 보자기를 펼치는 순간 형형색색 아름다운 색의 조화가 먹기 아까울 정도의 정성 가득한 시루떡이다. 군침이 돈다. 쌀도 최고 좋은 쌀로, 콩도 가을에 좋은 것 골라 까서 냉동실에 보관한다 했다. 떡을 제대로 만드는 사람들은 마음가짐부터 다른가 보다.

제주도 선인장 말린 분말을 넣은 빨간색 떡가루에, 잣 호두 은행 밤 대추나 곶감으로 그림을 그리듯 장식을 했다. 대추나 곶감으로 향이 풍겨 나오는 단맛을 연출했는가 하면, 잣은 곱게 갈아 고소한 맛을 내었고, 갓 볶은 흑임자로 풍미까지 입히는 맛까지 더했다. 보는 것만으로도 친구의 정감 어린 얼굴이 떠오른다.

"칼로 자르기도 아까운 걸 식기 전 가져다드리려 잘랐어요." 며느리도 감탄하는 눈치다. 떡 위에 그림 같은 장식이 잘려 나간 게 아쉬웠다. 너희들도 같이 먹자는 나와 친구의 제안 때문에 반을 잘라온다.

어느 때는 연잎을 말려서 가루로 만들어 연녹색의 떡을 만들기도 했다. 무슨 일이든 이름만 붙이면 떡을 손수 쪄서 소반에 받쳐 예쁜 보자기로 싼다. 축하의 자리든, 위로할 자리든 어디든 사랑을 나르는 친구는 오늘도 나를 감동시킨다. 나의 부모님은 커피를 마시면 잠을 설친다 하셨다. 대추차나 식혜를 더 즐겨 드셨다. 빵을 드시면 속이 더부룩하다 하셨다. 이런 떡을 드셨다면 아이처럼 까르르 웃으시며 잘 드셨을 것 같다. 그리고 다식과 조청을 생각하셨으리라. 하늘나라에서 휴가라도 한번 나오시면 이런 떡을 놓고 티타임을 가져 보고 싶다. 서울이 텅 빌 정도로 휴가를 떠나는 요즈음인데…. 귀한 떡을 대하니 부모님 생각이 몰려든다. 오늘같이 흐린 날 부모님과 티타임을 갖는 일은 일생에 꼭 한 번 가질 만한 추억이 되련만…. 아쉬움만 가득하다. 오늘 남동생들 삼 형제가 평택 선산에 벌초하러 떠났기에 부모님 생각은 더욱 간절하다.

시루떡 잘 찌는 이 친구는 나와 고등학교 동창이며 미술 작가다. 고등학교 시절 미술 시간에 이미 재주가 알려졌던 친구는 공동 전시회도 여섯 차례나 했고, 이번에 첫 번째 개인전을 열었다. 누가 봐도 작가다움이 생활 속에서도 엿보였다. 어느 날 옥수수 두 자루를 건넸다. 몇 시간 후 껍질을 까서 찐 채로 그려서 카톡으로 보냈는데 실물과 똑같았다. 평범한 일상에서 한 가지씩의 소재를 택해 스케치하며 일기 쓰는 습관이 지금의 발전을 가져온 것 같다. 꽃을 보면 꽃을, 아무튼 그날의 주제를 그려 짧은 일기를 보낸다. 가끔은 손수 그린 엽서에 짧은 안부와 좋은 말을 써 우체통에 넣는다. 손수 쓰고 그린 그림엽서. 이를 받는 기분은 이 세상에서 차별화된 나의 삶인 것 같은 착각을 불러오기도 한다. 이런 친구가 내 곁에 있음이 얼마나 행복인가! 내가 이런 말을 했다. 너무 멋있는 그림이 있는 일기를 많은 사람이 같이 보면 좋겠다고, 책으로 엮어 볼 것을 권했었다. 그림들이 좋아서 한 말이었다. 인물화도 내 눈엔 수준급이라 여겨진다. 언젠가 친구 집 마루에 들어서는 순간 김수환 추기경이 앉아 계신 듯 놀랐다.

지난달 드디어 연 개인전. 몇 점 인물화에 사진처럼 머리털 하나하나가 날리듯 그림이 꼭 사진과 같았다. 나 자신은 그림에 대한 문외한이지만 친구가 기성 작가의 궤도에 올랐음에 가슴 벅찬 찬사를 보냈다. 본인이 노래는 못 불러도 이미자가 노래 잘 부름은 들으면 아는 것 같은 이치다.

이번 전시회에서 그림 한 점을 골랐다. 작가 본인도 아끼는 그림인데 나에게 건넸다. '해바라기' 꽃그림이다. 내가 좋아해 가지고 싶었지만, 고3 수험생인 손녀 방에 걸어 주었다. 덤으로 준 '강원도의 겨울' 설경을 그린 그림도 아들 집 거실에 걸어 주었다. 내리사랑을 하고 있는 자신을 발견하며 나도 모르게 미소가 번진다.

사랑하는 친구를 칭찬하기에 필력이 부족하여, 여기에 전 국립민속박물관장 김광언 인하대 명예교수의 글 일부를 소개한다.

글씨가 곧 사람이라는 진리를 다른 입을 빌려서 말할 것이 없다.

류지은 님이 바로 산 증인이다. 오랫동안 아파왔던 남편을 끝까지 보살피고, 그 위에 시부모님까지 남달리 모신 것도 여간 어진 성품이 아니고서는 누구도 이루기 어렵다고 믿기 때문이다. 류 선생님이 평생 학생 가르치는 일에 매달리셨던 것도 덧붙일 일이다. 선생님의 한 마디가 사람의 평생을 좌우하는 사실을 우리는 모두 알고 있다. 생각해 보면 류 선생님의 훈도를 받고 자란 학생들이야말로 행복하고도 뜻깊은 시절을 보냈음에 틀림없다. 나도 동감이다.

『수필문학추천작가회』 사화집 2018

응급실 풍경

응급실 가는 일이 일 년에 몇 번씩 생긴다. 다행히 올해는 처음이다.

코로나19 체크부터 하고 난리법석 속에 예진을 거쳐 응급실 의자에 누웠다. 새벽 5시. 아침 운동 가려던 남편의 차로 동행했다.

밤새 환자가 줄을 이었는지 의사, 간호사, 검사실 사람들은 지쳐 있는 표정이 역력하다. 문진 때도 말이 거칠고 불쾌하기 짝이 없었다. 아파서 왔으니 참을 수밖에. 그야말로 이중고다. 아픈 나를 더욱 아프게 했다.

채혈 시에도 대바늘로 여러 차례 찔렀다. 혈관이 가늘거나 약할 때 아기 바늘을 이용하는 방법도 있는데 그야말로 무지막지했다. 팔의 혈관이 여러 군데 터져 붉게 든 멍이 새까맣다. 오죽하면 남편이 사진을 다 찍어 두었을까.

보다 못한 남편이 "이 환자도 옛날 수간호사 출신입니다." 오히려 그래서 어쩌란 말이냐? 식의 태도에 우리는 얼마나 멋쩍었는지 모른다. 그나마 올 때 생각보다 검사 결과가 걱정하지 않을 정도라니 다행이었다. 여러 가지 검사를 거치고 결과를 기다린 시간이 꼬박 열 시간이 걸렸다.

금식한 지 20여 시간인 셈이다. 조용히 왔는데 아들의 전화로 아들딸이 다 알게 되었다. 아들 내외가 급히 달려오고 딸은 조퇴하고 집에 와서 저녁을 해 놓고 기다리고 있었다. "애들 때문에 마음대로 아프지도 못해." 내가 자주하는 말이다. 아픈 나도 그리고 곁에서 늘 챙기는 남편도 많이 힘들다. 그래도 한결같이 친절하니 더욱 송구스럽다. 아들딸에게 되도록 아픈 고통이 지난 다음에 알리는 게 마음이 좀 편하다. 요즘 젊은이들이 얼마나 바쁜가?

20시간 만에 식사하는데 옆에서 지켜보고 있는 아들 며느리에게 남편이 말한다. "엄마는 너희들만 보면 힘이 난다. 알지?" 정말 그렇다, 자식이 뭔지…? 딸은 또 급히 애들 챙기러 저녁도 못 먹고 갔으니 마음이 무겁다. 지친 기색이 완연한 남편도 딱하다.

응급실에 누워 있는 나에게 계속 양말을 벗기고 발가락부터 무릎까지 비비고 주무르고 발바닥을 자극하고 전심전력 퍼붓는 사랑에 눈물을 얼마나 흘렸는지 모른다. 혈액 순환을 돕는 최상의 비법이란다. 어쩌다 신경질이라도 내련만 늘 불편을 덜어주지 못해 안달이다.

착한 천성은 하늘이 낸 사람이다. 부전자전 모전자전 시부모님 내력을 했다. 무슨 일이 있어도 마주 보고 빙그레 웃으셨던 시부모님 얼굴. 오늘따라 환하게 떠오른다. 언제까지 남편의 그늘 속에서 보호받고 살 건지?

일찍 잠자리에 들었으나 좀처럼 잠이 오지 않는다. 옆에 환자들이 떠오른다.

암이 퍼져 치료를 포기하고 퇴원하는 환자. 그리고 팔다리를 계속 흔들며 떨어서 진찰할 수도 없는 환자. 각각의 증상을 가지고 누워 있는 사람들에게 퇴원하기조차 송구한 마음을 안고 내일 외래진료 예약을 했다. 응급실에 많은 환자들에게 치료의 은총이 임하길 바라며, 오늘의 모든 일에 감사할 뿐이다. 코로나19도 각별히 조심해야 하는 상황 중에서 새벽부터 긴장했던 날은 지나갔다.

『수필문학』 2020. 11월호

졸업식과 개나리

세월 가는 줄도 모르고 지내다 외손자의 중학교 졸업식을 맞아 졸업 시기임을 알았다. 졸업식이 좀 특이하다 할까? 옛 모교 졸업식 풍경이 떠오른다. 다른 졸업식과 다른 점은 시작부터 오랜 전통의 모교 오케스트라단이 함께하는 점이었다. 오케스트라는 우리 모교에만 있었던 자랑이었다. 그날 졸업 후 동창회에 입회하는 졸업생들에게 환영사를 위해 동창회장 자격으로 참석한 모교 졸업식엔 특별한 것이 있다. 오랜 전통의 오케스트라단! 단상의 개나리 담긴 항아리. 봄을 알리며 졸업을 축하하는 듯했다. 때 이른 개나리는 졸업식 한 달 전부터 학교 동산에서 꺾어 보일러실에서 피운 꽃이라니 더욱 귀해 보였다. 만개한 개나리를 보면서 내 마음에도 일찍 봄을 맞이한 화사한 졸업식장이었다.

추계유치원, 추계초등학교, 중앙여중, 중앙여고, 추계예술대학의 졸업식을 이렇게 개나리가 단상을 조촐하면서도 환하게 장식해 주니 졸업이 더욱 빛난 듯했다. 설립자 황신덕 이사장님의 검소하신 절약 정신이 이어지는 것 같아서 마음이 뿌듯하며 머리가 숙어졌다. 내가 고교 졸업반 때는 65명씩 4학급, 나 자신이 교사로 있을 때는 10학급에 35명씩이었으니 눈에 뜨이는 엄청난 변화였다.

졸업식장 1층엔 350명 졸업생과 교향악단이, 2층엔 졸업생 학부모 자리였다. 교장 선생님께서 352명 한 사람씩 졸업장을 수여하셨다. 졸업장 수여에도 시간이 걸려야 할 일이지만, 각자에게 중요한 의미가 있는 졸업장이기에 귀한 순간이었다. 졸업장을 받은 학생들이 옆에 서신 담임 교사와 악수를 나누는 풍경도 좋았다. 간간이 우는 졸업생도 눈에 뜨였다. 요즘 누가 우나? 했는데 어쩌다 대하는 순박한 후배들의 모습에 감동과 초롱초롱한 눈빛에서 그들의 장래를 엿보았다. 모교 동산을 떠나는 후배들이여 가슴을 펴고 넓은 세계로 비상하라.

중학생으로 3년 고등학생으로 3년 모교에 교사로 10년 봉직, 동창회장으로 관여한 시간까지 십수 년의 시간들이 필름처럼 머릿속을 스쳐 간다. 모교에 있을 때 결혼, 그리고 아들 딸의 출산도 모교에서 근무할 때였다. 퇴임하는 날 인사하러 올라간 단상에선 이런저런 감회에 얽혀 눈물의 인사를 한 일이 생각났다. 내 귀한 제자들을 나의 모교에 두었음이 내 인생에 제일 큰 보람이다.

동창회장 상장 수여 순서를 내가 맡았다. 상장과 부상을 전하며 굳게 나눈 악수는 의미가 담긴 악수였다. 앞날의 축복을 빌었다. 다소 웅성거리던 좌중이 조용해지며 나의 환영사를 경청하는 후배들에게서 역시 중앙이구나! 하는 자랑스러운 대견함이 느껴져 가슴 뭉클했다. 졸업까지 길러주신 부모님께 감사드리는 「어버이 은혜」와 사랑으로 가르쳐주신 스승님께 드리는 「스승의 노래」를 부르는 순서에선 눈물이 나도록 감격스러웠다. 우리 모교에서만 하는 순서였을까?

조촐한 졸업식에서 세월의 변화를 실감하며 추억들까지 총동원되는 자리였다. 무릎 훨씬 위까지 짧아진 스커트 길이며, 교문에서 훈육 주임 선생님께서 단속하실 땐 상상도 못 했던 파마머리도 졸업생 한 사람마다의 개성이라 믿고 위로하며 352명 졸업생 전원의 앞날에 무궁한 발전과 축복을 기원했다.

『월간문학』 2023. 4월호

행복

유난히도 찌던 그해의 7월 13일, 일주일 전부터 수술을 준비했었다. 태연히 억지로 마음을 진정하려 했으나 볼에 흐르는 눈물은 뜨겁기까지 했다. 수화기를 잡은 손은 어깨까지 떨려 온다. "하나님! 모친께 평안한 마음을 주소서. 모든 것을 온전케 하시는 하나님! 집도하시는 분들께도 지혜와 신의 능력의 손을 주소서." 목사님께서 수술 전에 기도해 주셨다.

드디어 나는 흰 가운의 무표정한 두 간호사가 끄는 침대에 실려 지하 수술실까지 내려갔다. 계속 불안한 이 마음을 어찌 가라앉힐꼬? 우리 딸 수진이를 임신하고 8개월이 되었을 때 맹장 수술을 여러 시간 걸려서 했던 것이 17년 전인데, 또다시 배에 칼을 대다니…. 하나님의 계획을 나는 도저히 간파할 수 없음을 알고 있지만, 그러나 가능한 한 많은 것을 허용하고자 함이 내가 겪어야 할 첫 번째 시련임을 안다.

"엄마, 수술이 오후면 다른 사람들의 수술로 지치신 선생님이 피곤해서 실수하실까 봐 걱정했는데, 오늘 첫 수술이라니 혹시 어제 선생님이 술을 많이 드셔서 술이 덜 깬 상태에서 수술에 실수하면 어쩌지." 아들 석진이는 이런 걱정을 했다.

아침 이른 시간인데 어머니와 아버지, 남편과 아들과 딸, 오빠, 동생들, 형부, 조카들 모두가 두 줄로 내 침대를 에워싸고 마지막을 떠나보내듯 전송했다. 어머니의 손을 잡았을 때는 어머니의 기가 내게 전해지는 듯한 느낌이었다. 집을 지키시는 시어머님께선 얼마나 겁을 내고 계실까? 이 얼굴들을 다시 볼 수 있을지, 두 아이를 낳을 때 분만대에 올라갈 때와는 다른 이상한 감정이랄까? 입원 전 TV 드라마에서 나와 같은 수술을 받으러 수술실로 들어가는 어떤 여인을 보고 밤새껏 눈물을 펑펑 쏟았었다. 옷장도 정리하고 식구들에게 편지를 써 놓기도 하며 주변 정리까지 했었다.

겹겹이 문을 통과해 수술대에 올랐는데도 언니만이 오지 않았다. 언니를 지금 못 보면 영 못 보는 게 아닐지. 어젯밤에 다녀간 언니를 또 기다리다니. 호주에 사는 여동생네 다섯 식구의 얼굴이 지나간다. 몹시도 보고 싶은 동생이다. 계속 흐르는 두 볼의 눈물은 시트를 적시고 있었다. 언니! 사랑하는 나의 언니! 맥박이 빨라짐을 느끼며 가슴이 말 뛰듯 한다. 이때 저지를 뿌리치고 뛰어 들어온 언니는 급히 달려온 기색도 없이 침착하게 내 손을 잡고 기도를 하다가 끝도 못 맺은 채 쫓겨 나갔다. 진정한 한 톨의 소망을 구하는 언니의 그 마음씨는 지금도 늘 상큼하게 느껴진다. 아니, 언니의 기도는 하늘에까지 전해지는 듯한 느낌이 들었다. 집도 의사들과 모든 스태프진의 수술 준비 완료. 이때 수술실의 시간은 8시였다. 계속 소리 내어 우는 나에게 이젠 막 큰 소리로 다음 스케줄에 차질이 생기겠다며 그만 울고 진정할 것을 당부하시는 과장님.

수많은 등이 밝게 켜지고 파란 가운데 눈만 내놓은 마스크의 얼굴들이 다가선다. 수술 전 혈압 체크에서 혈압이 높다며 이를 조절해야 한단다. 늘 정상이던 혈압이 흥분으로 오른 것이다. 자연스러운 수술과 그리고 최고의 컨디션이 주어지기를 기도드릴 뿐이다.

공중에 뜨는 듯 황홀감 같은 몽롱함이 시작된다. 혈관에 놓은 마취제 때문이다. 양팔과 다리는 묶이고 양팔에 꽂은 링거액은 똑똑 떨어졌다. 찬 에어컨의 공기. '얼어붙어 못 깨어나는 게 아닐까?' 하는 생각이 들 정도로 몸이 오그라든다. 세 시간 후 회복실을 거쳐 병실로 올라온 시간은 오후 한 시경. 식구들은 얼마나 초조히 전광판의 내 이름에 신경을 곤두세우며 수술이 무사히 끝나기를 기도했을까? 이럴 때를 두고 "십 년은 감수했다."라고 하는 것이 맞는 말이라 생각된다.

특실을 차지하고 있던 병실 생활은 십 일 후에 끝났다. 그 후 수술 자리의 상처와 순조롭지 않은 배뇨로 괴로운 나날이

한 달가량 계속되었다. 부모님께서는 좋다는 보약은 다 지어다가 손수 달여 주시는 열과 성을 다하시어, 여러 가지 후유증으로 시달리던 나를 지금 정도나마 만들어 주셨다.

온 식구가 늘 걱정 속에 지냈다. 대학 입시 준비에 한창인 딸 수진이에게 많은 지장을 준 것이 미안하기 짝이 없다. 말려도 두 아이는 학교가 끝나면 병원으로 달려왔다.

그해 9월, 내가 수술 받은 병원이 물에 잠겨 배를 타고 환자를 대피시키는 소동까지 났다. 9월 20일로 잡혔던 수술 날짜를 아이들의 방학 때에 한다고 억지로 당긴 것이 7월 13일이었는데 용케도 피한 것이어서 하나님께 감사드린다.

많은 사람의 문병, 어머니와 오빠, 남편의 개근, 언니의 간호 등 고마운 분들이 너무 많았다. 특히 어머니는 아침에 오셔서 저녁때까지 병실에 계셨고 언니는 이틀이나 병실서 수술 후 어려운 때를 밤새워 간호해 주었다. 사랑하는 조카들도 교대로 병실을 지켜 주었다. 그리고 올케들도 음식을 계속해 날랐다. 아마 십 일간 병실에서 병원 음식을 거의 안 먹은 것도 기록에 남을 일이었다.

난 어떻게 사랑하는 가족들의 신세를 갚아야 하나? 다시는 안 아프도록 건강을 지키는 일로 보답해야지. 건강의 중요성을 사무치도록 느껴 가고 있는 이즈음이다. 늘 쇠약한 운명을 타고 났는지. 지금도 다리가 시리고 수술 자리의 가려움증으로 고통스럽다.

하나님의 치료가 임하실 것만 믿으며 갖가지 꽃들이 활짝 피어나는 찬란한 4월에 사랑하는 마음을 가족들에게 보내고 싶다.

『짚신문학』 2023. 제25호

깜짝 성묘

평택에 사시는 외숙모님의 갑작스러운 병환 소식을 접했다. 이튿날 남편의 주선으로 외숙모님께 갔다. 늘 아내 마음을 헤아리는 남편이 오늘도 빛난 하루를 선물했다. 남편과 언니와 동행했다. 외숙모님 찾아뵙고 마땅히 친정 조상님들 산소에도 들르자 했다.

비 예보가 있었다. 외가에 들른 후, 친정 문중 산소에 들르려던 진로를 바꾸었다. 궂은 날에 질척거릴 산의 상태를 감안해서였다. 외곽으로 들어서다 보니 산소에 가지고 갈 꽃도 준비 못 했다. 빈손으로 가기가 서운했다. 조상님들께 술잔이라도 올리고 싶은 생각이 번개처럼 떠올랐다. 우리가 산소 갈 때마다 들르던 식당, 그곳에 가면 무엇이 있으려나? 그곳에서 아쉬운 대로 소주와 종이컵을 살 수 있었다.

산소로 오르는 길, 흙의 감촉이 부드러움도 고향의 흙이라는 생각 때문이었으리라. 등을 비추는 봄의 햇살도 햇병아리 솜털처럼 부드러웠다. 증조부모님 조부모님 큰댁 작은댁 조상님들 부모님 오빠 묘에 당도하니 눈물부터 흐른다. 오빠의 얼굴이 제일 먼저 떠오른다. 위 조상님들부터 참배하며 묵념 기도 후 소주 한 잔씩을 올려 드렸다. 오빠께는 여러 잔을 올려 드렸다. 오빠 투병 중일 때 생각 때문이다. 주치의 만나는 시간 진료실에 같이 들어갔을 때다.

"선생님 저 막걸리 한 모금 마셔도 될까요?" "막걸리는 왜요?" "유산균이 많잖아요." "야쿠르트를 드셔요." 머쓱해진 그때 오빠 표정은 불쌍할 정도로 심히 딱했다. 얼마나 어렵게 건넨 질문이었을 텐데, 단칼에 거절당했을 때의 당혹감은 듣는 나도 난감했었다. 같이 들은 주치의 답변이 맞긴 하지만 그냥 한 모금 드시게 할걸? 그걸 못해 드린 나의 짧았던 생각이 지금도 아쉬움을 넘어 나의 센스 없었음을 후회했다. 후회를 넘어 목에 가시가 걸린 듯 늘 마음에 걸렸다.

그 후 두 주일간이나 물 한 모금 못 마시고 수액에만 의존하다가 생을 달리했던 그때의 오빠 생각이 떠올랐기 때문이다. 기독교인의 의식을 떠나 옆에 계신 조상님들께 물 한 잔 드리는 마음이었다. 이런 상황 하나님께서도 이해(?)하셨으리라 믿고 싶었다. 여기 모셔진 친척이며 초등학교 동창인 승보 아저씨께도 막걸리 한 잔 올렸다. 술 좋아해 술로 인한 간암으로 돌아가셨는데 하는 생각이 번쩍 들기도 했다.

잠겨 있는 재실엔 들르지 못했다. 재실 울타리 안엔 대나무가 무성했고 대문 틈으로 들여다본 마당엔 봄꽃들이 우리를 반겼다. 잘 정리된 주변을 돌며 동생이 최씨 문중 종친회 회장 일을 맡아 보는 수고도 한눈에 보였다.

떠나기 전 최근에 쓴 수필 몇 편을 모아서 부모님과 오빠 묘소 앞에 비닐로 싸서 준비한 채로 놓고 왔다. 그 속엔 사랑의 편지도 넣어 드렸다. 이때 돌아서며 드는 마음. 이런 묘한 마음을 허허롭다 하나? 소리쳐 울고 싶은 마음을 억누르고 참았다. 아마 남편이 동행 안 하고 언니와 단둘이 갔었다면 고을이 울리도록 목 놓아 울었을지도 모를 일이다.

몇천 평의 넓은 산에 나란히 자리하고 누워 계신 조상님들을 한 분 한 분 떠올려 본다. 나의 눈물을 대신하듯 비가 부슬부슬 내리기 시작했다. 갑작스러운 성묘. 예정에도 없던 성묫길이다. 서해대교가 눈앞에 보이며 사방이 탁 트인 편안한 곳이다. 선산서 내려오는 길, 착잡한 마음에 다리가 후들후들 떨렸다. 자꾸만 뒤가 돌아다 보인다. 이때 외사촌의 전화가 울렸다. 점심 준비해 놓았다며 기다리고 있단다. 외가까지의 거리는 5킬로 정도다. 딱 점심 시간이다. 외가 식구들의 환대 속에 모두를 만났고, 병상에 누워서 반기시는 외숙모님 손을 잡았다. 많이 야위신 모습에서 전동차로 온 동네를 매일 도셨다는 일상이 믿기지 않을 정도였다.

때를 따라 자녀들 챙기실 때마다 나까지 챙겨 주시던 일들이 떠오른다. 감자 고구마 밤 마늘 김장 무짠지 오이지 참깨 참기름 고춧가루 쑥떡 반죽까지도 챙겨 보내시던 그 사랑을 어찌 잊을 수 있을까? 자주 걸어 주시던 다정다감했던 전화 속의 음성은 어디서 듣나? 수액에 의존하고 계시니 얼마 동안이나 우리 곁에 계시려나? 아쉬운 마음뿐이다. 당신은 간신히 미역국 한 수저밖에 못 넘기시고, 나에게 밥 한 수저만 더 먹으라 성화하셨다. 몸 약한 조카인 나에 대한 염려 때문이셨으리라. 이렇게 식사를 못 하시니, 걱정이 앞섰다. 소문난 외사촌 네 남매의 효심으로 다시 회생하실 수는 없으실까?

잔칫상을 방불케 한 점심상을 물린 후, 외삼촌 면장 퇴임식 때 비디오를 보았다. 곱게 차려입으신 한복의 외숙모님 그때 모습, 누워 계신 외숙모님이 일어나실 것 같은 생각도 들었다. 비가 쏟아지는 마당에서 외가 식구들과 작별 인사를 나누었다. 어릴 적 겨울 추녀 밑 고드름 달렸던 그 추녀 밑이다. 외할아버지 6형제분이 모여 사는 공 씨 집성촌이니, 어릴 때도 가면 늘 친척들이 많이 모였던 생각이 난다. 늘 북적이던 사람 사는 동네 같았던 생각이 머리 가득한 마을이다. 방학 때마다 찾던 외가다. 대문에는 오래된 외삼촌 이름 '공창환'이 새겨진 문패를 사진에 담아 왔다. 78세에 세상 떠나신 외삼촌. 오빠가 유난히 좋아했던 우리 외삼촌의 이름, 오늘도 아니 영원히 별처럼 우리들 가슴에 새겨지리라. 외삼촌께선 경기도 평택군 현덕면의 부면장을 지내셨었다.

100년도 넘었다는 고목이 버티고 서있는 작은 대문 앞, 그 고목 아래 둘레엔 분홍색 꽃잔디가 활짝 피었다. 어릴 적 방학 때마다 찾아왔던 추억 속 상자엔 외가의 추억이 가득 담겼다. 외숙모님 안 계신 외가는 상상하기도 싫다. 봄비 내린 날, 외숙모님 병문안, 그리고 깜짝 성묘도 번개같이 이루어졌다. 많은 생각을 불러온 하루였다.

내 별명은 강다리였다

나는 1943년 양띠 해에 태어났다.

오빠 언니 다음이 나다. 여동생 하나 남동생 셋인 칠 남매 중 셋째다. 지금도 약골인 나. 지난 칠월에 팔순 잔치를 맞이했다. 나에겐 기적 같은 일인 듯하다. 나 자신도 내가 약골로 팔십 년을 살으리라는 생각은 언감생심이었다. 그랬기에 가족들도 나 자신도 뜻깊다 생각하고 성대한 팔순 잔치를 벌인 의미 있는 날이었다.

팔순 잔칫날. 코로나로 많이 축소해 조심스럽게 양가 가족들만 30명이 모인 자리. 자녀 손들이 각자 준비해 현장에서 낭독한 축하 메시지마다 건강 장수를 기원하는 내용의 글이었다. 감사가 절로 넘침에 눈물이 났다. 밥이 보약이란 말이 금쪽같은 말이란 평소 생각이다. 나 어릴 적 밥을 잘 안 먹어 엄마 속을 무던히 상하게 했다는 말을 많이 전해 들었다.

동네가 떠들썩할 정도로 '한 숟갈만 한 숟갈만' 하며 나를 쫓아다니셨다는 엄마 얘기도 많이 들었다.

식성 좋은 동네 아이들을 불러 모아 교자상에 잔치하듯 차려 놓고 어울려 먹도록 해도 나만 안 먹고 딴전만 부렸다니 얼마나 애가 타셨을까? 엄마의 그 심정 이해하고도 남는다. 내가 왜 그랬을까? 불효녀였던 내가 밉다.

왜 소풍 가면 같은 밥도 더 맛있다지 않나? 그것을 응용해 지혜를 내셨던 엄마 얘기도 많이 듣고 자랐다. 울타리 밑에 한상 차려 놓고 동네 애들을 불러 모아도 다른 애들은 꿀맛같이 먹는데 나만 안 먹었다니 엄마 속이 얼마나 타셨을까?

초등학교 때 내 별명은 강다리였다. 물고기 중 제일 볼품없고 살 없는 생선이 강다리 아닌가? 책가방 지고 다님도 안쓰러우셔 6학년 중학교 입시 준비 때는 머슴 아저씨가 책가방을 들어다 주곤 했었다. 성인이 되어서도 날씬하기가 초라할 지경이었다

27세 때 결혼식장에서다. 웨딩 마치에 발맞추어 입장하는 나를 향해 하객 중 누가 한마디 외쳤다. '이 신부가 애를 낳으면 내 손에 장을 지진다.'라고. 지금까지 그가 누구였는지? 짐작이 가지 않는 미스터리로 남아 있다.

그때 체중이 40킬로 간신히 될 때였다. 얼마나 약해 보였으면 그랬을까? 하기야 빌려 입는 드레스 중 맞는 게 없어 웨딩드레스도 맞추어야만 했었으니 나도 내 별명을 인정한

강다리였다.

그래도 남매를 낳아 키워 자랑할 만한 위치에서 자기 몫을 잘 하고 있는 남매가 든든한 나의 버팀목이다. 그동안 위 절제 수술 등 많은 병치레를 하면서 부모님과 주위 사람들의 애간장을 많이도 태웠다. 여기까지 온 자신이 기특하고 가족들과 주위에서 사랑을 준 모든 이들에게 감사한다. 특히 부모님의 애간장을 많이도 태운 지질한 딸이다. 나이 80까지 내가 살으리라는 생각은 한 번도 해 본 적이 없다. '쓸개 없이는 산다는 말은 들었어도 밥통 없이 어떻게 살까?' 소리쳐 외치시던 아버지, 생각이 눈물을 쏟게 한다. 모든 말 생략하고 가족과 주위에 나를 아는 모든 이들께 감사한다.

80세를 맞은 나의 감회라면 지금까지 지켜 주신 하나님께 그리고 부모님 형제자매 사랑하는 가족에게 감사를 한 아름 듬뿍 전하고 싶다.

'사랑해요, 많이요. 하늘 땅땅 만큼요.'

2022. 10.

뿌리

온 천지 동서남북 어디서도 봄꽃들이 아우성치듯 피어나는 어느 봄날, 우연한 기회에 대전광역시 중구에 자리한 뿌리 공원을 찾았다. 성씨 테마공원이라고도 하고, 효월드라고도 부른다. 세계 효 중심지를 향한 첫발로 조성한 곳이라는 설명이다.

오늘날에 절실한 인성교육과 뿌리 의식을 함양하고자 하는 목적으로 세운 공원이라는 생각이 들었다. 남녀 간 혼사가 오갈 때도 근본을 찾고 근본이 중요하다 하는 그런 의식일 거다. 근본이 그 사람의 뿌리라는 생각 말이다. 모든 이들에게 자신의 뿌리를 알게 하여 경로효친 사상을 함양시키고 한 겨레의 자손임을 일깨우기 위해 세계 최초로 성씨를 상징하는 조형물을 세운 산 교육장이다.

우리나라 성씨 중 천 명 이상인 성씨는 153개 858본관이라는 통계도 있다. 우리나라에서는 성씨의 종류가 적어서 같은 혈족의 가족 수가 많아지게 되어 성씨만으로는 동족을 구분하기가 곤란하므로 본관이 필요하게 되었다 한다. 성과 본관은 가문을 나타내고 이름은 가문의 대수를 나타내는 항렬과 개인을 구별하는 자로 이루어져 있어 개인의 구별은 물론 가문 계와 대까지 알 수 있다. 뿌리공원을 통하여 우리는 숭조 우선의 정신으로 화목과 우의를 돈독히 하고 충효의 실천으로 한민족의 얼을 자손만대에 길이 빛내야 할 것이다. 세계 유일 세계 최초의 효 테마 뿌리공원에서 효와 성씨를 주제로 나의 뿌리를 찾아보고 조상의 얼을 보고 느끼고 체험하는 행사도 열린다 했다.

부설로 우리나라 유일의 족보 전문 박물관으로 5개의 전시실과 1개의 특별 전시실로 구성되어 있고 족보의 체계 역사 등 족보를 비롯한 전통문화와 가족 생활사에 관계된 다양한 유물을 전시하고 있다. 공원은 각 성의 특징과 두각을 나타냈던 조상을 비석으로 새겨 각 성씨를 상징하는 조형물을 설치한 테마공원이었다.

조상의 뿌리를 찾아 성묘하고 이름을 항렬에 따라 짓는 풍습이 점점 사라지고 있지만, 뿌리 없는 나무는 없나니, 우리도 계속 조상의 뿌리를 이어가며 종족을 번식시켜야 한다는 정신이 이어져야 한다고 생각한다. 충효사상과 주인정신을 함양시키는 교육 공원, 다양한 가족 단위 시설 및 이벤트가 마련된 가족공원. 유등천변(물놀이를 즐길 수 있는 계곡물)을 옆에 한 천혜의 자연경관을 배경으로 한 도심 속의 자연공원이다. 조상들의 족보문화를 한눈에 볼 수 있는 한국 족보 박물관도 둘러보면 새로운 자신의 뿌리를 생각해 보는 기회로 삼을 수 있을 거라 생각했다.

뿌리공원 바로 건너에 대전 효문화 진흥원이 웅장하게 자리하고 있었다. 이곳은 고령화 시대를 맞아 국가적인 효 장려 시책 추진과 세대 간 통합을 위한 다양한 프로그램 운영, 고령사회 세대 공생과 효의 국가 브랜드화를 위한 기관이다. 여기에 효 문화 지도사가 방문하는 관람객들에게 효를 바탕으로 하는 자료를 제시하고 설명해주었다. 특히 청소년들에게도 흥미 있는 곳이라 한 번쯤 들러볼 것을 강력 추천한다.

이 기관이 뿌리공원과 연계되어 자라나는 학생들에게 산 교육의 장이라 여겨졌다. 아무리 강조해도 부족함 없는 효 사상이 우리 생활에 굳게 자리매김하기를 기대한다. 자라나는 젊은이들에게 효의 올바른 가치관을 심어주고 건강하게 성장할 수 있도록 도와주며 기성세대들과의 효에 대한 생각의 차이를 좁힐 수 있는 공간임을 알고 이용하기를 바라는 마음 가득하다.

2019. 3.

물과 꽃의 정원

양평의 세미원. 여기서 해마다. 7월 초부터 8월 15일까지 연꽃 잔치가 한창이다. '연꽃 축제'라는 이름으로 부른다. 여러 해 동안 이맘때면 우리 부부는 여기를 즐겨 찾았다. 30도가 넘는 더위지만 전철을 이용하니 시원해서 무리 없이 갈 수 있었다. 연중행사처럼 이곳을 찾는 날, 누가 기다리기라도 하듯 준비하고 나서는 우리, 서로 기분이 좋은 날이다. 덥기는 하지만 구름 한 점 없는 맑은 날씨에 절로 발걸음이 가볍다.

몇 해째 해마다 찾는 연꽃 축제장, 이곳은 경기도 양평군 양서면 양수리 용담지다.

집 근처 상왕십리 전철역에서 전철로 1시간 정도 걸려 도착, 양평역에서 도보로 15분 정도 걸어서 정문에 이른다. 이름하여 '세미원'이라는 넓은 정원이다.

더위 속에서도 여기저기 인파가 북적인다.

연꽃 만발한 연못마다 꽃의 색깔도 다르고 잎의 크기도 다르다. 잎으로 머리를 가리면 하늘을 가릴 듯 크게 펼쳐진 연잎, 여러 가지 색다른 커다란 환한 꽃들이 구경꾼들을 반긴다. 연꽃 정원 중에도 내가 꼽는 백미 중 백미는 붉은 연꽃들이 장관을 이루는 홍련지다. 홍련지가 돌다리로 이어지는 길을 따라 걷노라면 맑은 물 흐르는 소리도 경쾌하다. 머리 위로는 우거진 숲처럼 큰 나무들이 그늘이 되어 주고 조용한 물소리가 정답게 우리를 반기는 소리 같다. 이 기분 평소에 쌓였던 피로를 풀어 주는 듯한 아니, 하늘로 날 듯한 기분 좋은 순간이다. 맑은 물 개울을 건너며 도달한 곳은 장독대 분수라는 곳이다.

한약 탕기 같은 작은 크기부터 시골 장독대에 큰 장독만한 크기의 항아리에서 규칙적으로 물을 뿜어낸다. 하늘을 향해 내뿜는 물이 더위를 식혀준다. 하늘로 향하는 물줄기 따라 기분도 좋아지는 순간들.

반복되는 시원한 물줄기의 향연이 극치에 달하는 곳이다.

우리 둘의 사진을 찍어준다는 초면인 사람들의 친절함도 꽃 속에서의 기분 때문일 거다. 멋쩍지만 우리 둘은 낯선 사람 앞에서 쑥스러운 포즈를 취하기도 했다.

꽃 속에선 모든 이들이 선남선녀 같은 기분이다. 여러 장째 찍은 사진을 아들딸에게 보내는 남편. 더위에 물 많이 드시고 조심하라는 메시지 도착이다. 늘 부모를 응원하는 자식들이 오늘도 든든하다.

지난해 어느 문학 모임에서 시 낭송회를 했었다. 여기 커다란 다리 밑에서였다. 20여 명이 함께 했던 시 낭송회! 비가 억수로 내리던 날 거대한 다리 밑에서 열린 낭만적이었던 시 낭송회를 떠올리며 내가 낭송한 시를 외워 본다.

알프스를 추억하다

알프스 3500미터까지 케이블카로 올랐다. 눈 앞에 펼쳐지는 만년설의 숨결로 날아든다. 말로는 표현할 수 없는 경이로운 풍경 우주와 지구의 시간들 하늘과 땅의 신비가 피부로 스며든다. 이태리 출장 중 보낸 아들의 사진 아들의 환한 표정도 함께 왔다.

1968년 스위스 하늘에 닿을 듯 쌓였던 눈 몽블랑에서의 추억도 꺼내 본다. 아름다웠던 세계 행복했던 그 시간들이 아쉬운 마음 내 곁으로 다가와 앉는다.

2022. 7. 30

혹독한 겨울나기

장 검사를 하던 중 자궁에 거봉 크기의 혹이 발견되었다. 의사 소견은 양성일 수도 있으니 지켜보자고 했다. 올해 49살 된 딸이 고등학교 2학년 때 일이다.

'딸이 고3 대학 시험 앞두고 엄마가 수술하게 되면 도시락도 못 챙겨 주는 것 아닌가?' 수술을 자청했다. 혹시 안 하고 지낼 수 있는 상황일지도 모르는 일인데…. 수술 이후 괴로운 몸의 변화가 생겼다. 한여름에도 허리 아래로 다리까지 몹시 시린 증상. 표현하기 어려울 정도의 고통이었다.

어느 해 내 생일날, 일곱 명의 시누이가 다 왔다. 내 생일은 음력 6월 25일, 양력 8월 초순. 더위가 한창일 때다. 이 자리에서 내가 옷을 겹겹이 껴입은 것을 보고 일제히 죽겠다고 웃었다. 내가 생각해도 놀라고 웃을 일이다. 시누이들 웃음소리에 나도 모를 수치심을 느끼고 많이 놀랐다.

소리 내어 울며 자초지종을 설명했다. 이런 상황을 누가 이해할까? 정말 아무도 이해 못 한다는 표정이었다. 이게 정답이다. 괴로움은 본인만의 고통이다. 그때부터 한여름 삼복 중에도 이런 전쟁을 치르고 있음을 식구들이 알게 되었다. 이런 상황은 설명이 안 되고 나도 이해가 안 되는 나만의 고통이었다.

20년 전, 호주행 비행기 안에서의 일이다. 한여름 기내는 에어컨이 빵빵하게 작동하던 상황. 나에겐 더욱 추위를 견디기 어려운 지경이었다. 모포를 한 장씩 덮은 것이 13장까지 뒤집어쓰고 기내 식사도 못할 지경이었다. 스튜어디스가 "손님은 모포 수집가세요?"라고 했다. 난 대답 대신 눈물만 흘렸던 기억이 난다. 구정 때 제일 추울 때를 정해 지구 반대쪽 호주 동생네 가서 한 달쯤 머물렀었다. 그곳은 한여름이었다. 시린 증상을 덜 느끼니 이만하면 살겠다 싶었다. 어느 해 겨울엔 석유난로 가에서 난로 가까이로 뒷걸음치다가 롱코트를 태운 일도 있었다.

여러 군데 병원을 찾았어도 원인을 못 밝혔다. 어느 한의원 원장님 말씀에 여성의 자궁이 집으로 치면 라디에이터 같은 난방 기구인데 자궁적출 수술이 원인이라고 했다. 그 설명을 듣는 순간 그럴 수도 있겠다, 내가 생각했던 그대로였다는 직감이 나를 놀라게 했다. 맞다는 생각이 들었다. 한약을 기억하기 힘들 정도로 오래 복용했으나 별 효험을 보지 못했다.

주위에 많은 여성이 같은 상황인데 왜 나만 이런 고통을 느낄까? 어쩐담…. 이젠 어쩔 수 없는 일이다. 내 생각이 짧아 자처한 일, 일생일대의 실수라 생각한다. 자식을 생각해서 한 일이니 고생이라 여기지 말아야지 하는 생각으로 참고 살아간다.

수십 년을 겨울마다 전쟁 아닌 전쟁 중에 있다. 요즘 같은 초겨울, 증상이 다시 나타났다. 대한과 소한 사이 때가 가장 괴롭다. 남들이 내놓고 다니는 빨건 알다리가 내겐 제일 부럽다. 내의를 네 번씩 껴입는 고통도 이만저만이 아니다. 여러 겹을 입고 사이즈 77의 바지를 입는다. 날씬한 몸매가 천만다행이다. 무릎이 굽혀지지 않아 병정 같은 걸음을 걸어야 할 때도 있다. 남쪽 덜 추운 지방에 가서 지내다 오고 싶기도 하지만 그건 그저 바람일 뿐, 하루하루 지나며 고통의 날들과 견디며 오늘에 이르렀다.

오빠가 대장암 투병 중일 때였다. 손발이 시리다시며 가죽 장갑을 두 개씩 끼고도 고통을 호소하셨다. “야! 난 죽으면 냉동실 들어가기 싫다.” “오빠 나도 죽으면 냉동실에 넣지 말아 주세요!” 오빠는 건강하셨고 나는 늘 아팠기에 내가 먼저 가겠지 하고 부탁했었다. 어처구니없이 오빠가 먼저 세상을 떠나셨다. 죽은 후 무엇을 안단 말인가? 오빠 돌아가신 후 1시간 만에 냉동고에 안치하는 현장을 목격했을 때 아연실색하고 말았다. 본인의 선택이 아닌 필수 의례인 상황이었다.

세상에… 얼마나 추우셨을까? 나도 자식들에게 유언으로 남기고 싶지만 어디 가당키나 한 일인가 선택 아닌 필수 상황인 것을….

이 겨울 다시 혹독한 고통 중에 있다. 겨울에 내복을 네 겹씩이나 입고 겨울을 나야 하는 이 고통은 지금도 진행 중이다. 나이 들어가며 더욱 심해져서 오히려 죽는 게 낫겠다는 생각이 들 때도 많다. 며칠 전이다. 요즘 견디다 못해, "여보, 나 좀 고쳐주세요."라며 처절한 모습으로 남편에게 매달렸다. 늘 최선을 다하는 남편이 오히려 딱하다. '늘 반복되는 애원에 얼마나 괴로울까?' 또 여러 가지 검사를 했다. 겨울마다 병원을 순회해도 해결책은 없나 보다. 삶마다 차이는 있겠지만 이런 고통 속에서 살아가는 것은 정말 힘든 삶이다. 죽으면 이런 고통에서 벗어나려나? 극단적인 선택으로 삶을 포기하는 사람들의 심정을 백번 이해할 것 같다. 나에게 이런 고통의 삶은 언제까지일까? 새로 나오는 의료기구들! 전시장을 방불케 할 정도로 사들였다. 언제나 남편이 서둘렀다. 사들일 때마다 기대했지만 효과는 미세했던 나날들이지만 사용 중에 있다.

오늘 밤도 완전무장으로 싸매고 침대를 달구고 자리에 눕는다. "엄마 미국에서 엄마 추운 다리에 도움이 될 기구를 주문했는데 도착했어요. 내일 가지고 갈게요."라는 아들의 전화다. 늘 엄마에게 신경 쓰는 자식들도 안쓰럽다. 궁금하다. 도

대체 무엇이 나에게 도움을 줄까? 오늘 밤은 또 얼마나 길까? 편안히 숙면을 취할 수 있는 복을 누리고 싶다. 내일이 빨리 왔으면 좋겠다.

2021. 12.

서울에서 가장 먼저 봄이 오는 마을

서울 시내가 온통 노란 빛으로 환하다.

서울시 성동구 남쪽 800미터 높이의 매봉산이다. 개나리 축제가 열리고 있는 서울 시내가 내려다보이는 곳. 그리고 멀리 안양 쪽까지 보이는 개나리꽃 동산. 3월이면 개나리꽃 축제가 열리고 있는 현장이다.

모인 주민들의 얼굴까지 노랗게 보일 정도로 노랑 개나리가 흐드러지게 만개했다. 노란 꽃 아름다운 동산이다. 며칠 전까지도 쌀쌀하던 날씨가 개나리꽃을 피우려 서둘러 따뜻한 기온으로 온도를 끌어올렸나? 할 정도로 급격히 기온이 급상승했다.

면적의 편안한 위치의 매봉산, 우뚝 선 팔각정이 시내 여러 곳에서도 보이며 봄이 오는 소리가 들릴 듯 서둘러 노란 산으로 변하는 동산이다. 우뚝 팔각정의 위용은 당당하게까지 보인다. 임금님이 매 사냥을 하시던 곳이라 한다.

해마다 맞이하는 노랑 개나리꽃이 올해 유난히 아름다움은 나의 나이 탓인가 보다.

만물이 꽃을 피우는 것은 한겨울 몸을 웅크리고 추운 날씨를 견뎌냈음이다. 우리가 하루하루 버티는 힘도 모든 환경을 참고 함께했기에 가능했으리라 여겨진다.

2023. 4.

오늘 새벽

오늘도 새벽 세 시에 잠에서 깼다. 거의 뜬 눈으로 자다 말다 했으니 정신이 몽롱한 상태다. 옛날 어릴 적 할아버지 소죽 쑤시는 아궁이 앞에 새벽부터 같이 앉아 고구마나 밤 등을 구우며 조잘대던 나는 어려서도 잠 없는 아이로 통했다. 무슨 애가 잠이 없느냐고? 동네 어르신들께서도 성화를 하셨다. 집 뒤 우람한 밤나무서 떨어지는 아람도 내가 다 주웠었다.

늙어가니 잠이 더 없어졌다. 고작 세 시간 자고 아파트 1, 2단지를 다 돌았다. 몇 바퀴째다. 어쩜 형제가 모두 잠의 습관이 다른지? 바로 내 아래 동생은 초저녁에 눕기만 하면 쉽게 잠들고 내처 자기를 9시간 정도. 내가 제일 부러워하는 게 잠 잘 자는 사람이다.

나는 길게 자야 고작 세 시간 정도 그도 못 잘 때가 많다.

비몽사몽 간의 몽롱한 상태의 새벽 시간 누워서 눈이라도 감고 쉬면 얼마나 좋을까? 그냥 일어나 움직인다. 이를테면 못된 성격일까? 나가서 걷고 무슨 일이든 하지 누워서 쉬는 성격은 더욱 아니다.

어머니 말씀이시다. 자랄 적 심부름을 시키면 오빠 언니는 어느 댁에 가져다드리라고 하면 가져다드리고 왔는지? 아무 보고도 없고, 나만 다녀온 상황을 상세히 설명하곤 했단다. 예를 들면 그 집에 누구는 어떻게 했고 식구는 누구누구가 있었고 그들과 나눈 대화 내용도 전하는 자상함을 보였다고 말씀하셨다. 한 배 속에서 나온 애들도 어쩜 이리 다르냐고! 그런 성격에 어긋남이 없으니 그러고 사는 나 자신의 머릿속이 얼마나 복잡할까? 내가 나를 볶는다고 여기면서도 무디게 산다는 일이 나에겐 먼 나라 얘기 같다. 무디게 무관심 속에 편하게 사는 사람들이 얼마나 부러운지?

나도 그렇게 하루 정도 체험이라도 하고 싶다. 주여! 하나님을 찾을 정도로 급박한 상황의 건강이 무너진 상태다. 불면증에 무기력증 아프고 쑤시는 부위가 한두 군데가 아니다. 내가 원하는 생활은 약 없이 편히 잠들고 깨는 무딘 일상이다. 옛날 같으면 지금 내 나이가 상상도 못할 나이지만 오늘 하루만이라도 나이를 잊고 모든 일에 무관심하게 살고 싶다. 그런 일상이 행복한 삶 아닌가?

오늘 새벽에도 아파트 1, 2단지를 부지런히 돌았다. 아무도 없는 무서우리만치 조용한 400년 된 우람한 은행나무만이 우뚝 선 곳! 오늘도 그 기를 받아 뚜벅뚜벅 일상으로 돌아간다.

2002. 12.

우렁각시

아무도 모르게 좋은 일을 하는 사람을 비유적으로 우렁각시라 일컫는다. 오늘도 새벽 5시에 일어나 동네 한 바퀴를 돌고 헬스장 들러 집에 돌아온 시각은 6시다. 아직 동도 트기 전 시간인데 딸과 사위가 왔다.

'자는 애들은 어쩌고 왔냐?'고 놀라서 물었다. 애들 자는 동안 급히 왔노라며 서둘러 돌아갔다. 보내고 나니 물도 한 잔 안 건넸음이 마음에 걸렸다. 길 안 막히고 집에까지 잘 도착하길 기도했다. 서운하기까지 했다. 급히 두고 떠난 식탁엔 김장김치 몇 포기, 동치미, 무김치, 총각김치, 깍두기 등 김치 전시장처럼 김치 종류만 해도 여러 가지가 줄을 섰다. 아침부터 침샘이 자극받는 순간이었다. 부자된 기분이 이런 기분이리라.

나는 잔소리처럼 몇 차례 같은 말을 되풀이했다. '웬일이야! 추운 아침 왜 이렇게 엄마 아빠께 신경을 쓰냐?'고. 토요일 평소보다 조금만 더 자면 일주일이 가벼울지도 모르는데…. 친정 부모인 우리를 위해 에너지를 많이 소모했다는 생각에 딸 사위에게 미안함보다 걱정이 앞섰다. 3일 전에도 사위가 내년 일 년 치 달력과 가계부 수첩 등을 챙겨 우편으로 보내왔다. 해마다 세모에 각가지 챙기는 사위가 든든하다. 사위 딸 가정에 새해 풍성한 복을 빈다.

보따리마다 정성 담긴 반찬 등 김장도 못한 우리 식탁이 풍성해졌다. 친정엄마가 시집간 딸을 챙긴다는데 우리 집은 완전 반대다. 정월 대보름 때도 오곡밥을 해마다 우리에게 전하여 늘 감동이다. 우리 딸 사위는 사랑 전하는 사랑 전도사다. 사랑을 전하는 일! 이렇게 해마다 반복하며 김장김치 한 번 안 해 본 나는 부끄럽게도 80살을 넘겼다. 엄마가 딸을 챙기기보다 딸이 엄마를 챙기니 딸의 효심이, 생활 속에 진심 어린 부모 사랑에 깊이 감사한다.

녹아 있음에….

딸 사위의 사랑 넘치는 아름다운 가정에 늘 하늘이 내리실 복을 비는 아침이다.

2023. 2.

소 보러 갈까요?

매일 아침 집을 나와 5분 정도 걷노라면 흐르는 물소리 정다운 곳에 이른다. 동트는 쪽 방향으로 청계천 변, 흐르는 물을 따라 한양대학교 쪽으로 걷는다. 양쪽으로 많은 이들이 아침을 깨운다. 걷는 행렬이 활기찬 아침을 여는 순간이다. 맑은 물이 365일 매일 세차게 흐른다. 이곳 청계천에 맑은 물을 보내기 위해 광화문 동아일보사 앞에서 이곳을 거쳐 한강으로 흘려보내는 경비가 막대하다는 뉴스를 접한 적이 있다. 막대한 경비만큼 주민들이 얻는 것도 크리라. 늘 국가에 감사한다. 물소리는 귀를 즐겁게 해주는 조용한 음악 소리 같기도 하다. 계절 따라 피는 꽃이며 열매들처럼 자연의 종합 보고답다.

물에 반쯤 잠긴 바위 위에선 황새 오리 등 철새들의 묘기가 보는 이들의 마음을 즐겁게 해준다. 맑은 물 흐르는 소리도 마음을 편안하게 해준다. 팔뚝만 한 크기의 물고기들, 헤엄도 세상 만난 듯 활기차니 기운이 난다.

손녀가 재수할 때였다. 매일 그곳의 풍경 사진을 찍어 공부하러 가는 새벽 시간에 보내는 일이 내 일과의 시작이었다. 손녀는 가끔 그때를 떠올리며 할머니가 신경 써준 일에 감사를 잊지 않고 있단다.

15분 정도 걸어서 만나는 큰 암소 한 마리. 내가 향하는 쪽을 보며 나를 기다렸다는 듯이 커다란 왕눈으로 반긴다. 반가운 표정 같다. 커다란 왕눈에 꼬리는 조금 말아서 무릎 부위에 걸쳤다. 큰 덤프트럭에나 실을 수 있는 거대한 크기의 돌로 깎아 만든 암소 조형물(?)이다. 늘어진 풍만한 젖을 보면 틀림없는 암소다. 퉁퉁한 네 개의 다리는 금방이라도 앞으로 내달릴 것 같은 자세다. 보기만 해도 기운이 난다.

만나자마자 귀를 만진다. 뿔이 하늘을 향한 것을 보면 황소 같고, 순한 눈을 보면 꼭 착하고 순하기로 소문났던 우리 언니를 꼭 닮은 암소다. 소 가까이 가면 귀를 만져주며 등을 쓰다듬어 준다. 어떤 친구가 "소 가까이 가면 뿔을 만져야지."라고 한 말이 생각난다. 뿔을 만지는 게 소에 대한 인사인가 보다. 왕눈이 암소, 보기만 해도 정신이 번쩍 난다.

언젠가 친구가 했던 말이 생각나 미소가 지어진다. '난 눈이 작아서 신랑 고를 때 꼭 왕눈인 신랑을 골랐는데 뜻대로 안 되었다'는 말을 종종 한다. 두 아이 다 눈이 작아서 감았는지 떴는지? 모를 정도라며….

우리 식구들은 다 눈이 크다. 부모님을 닮았다. 눈이 크면 겁쟁이라는 말이 맞는 말인 것 같다. 우리 형제들이 다 겁쟁이였으니까. 나이 드니 눈의 크기보다 시력이 문제인 것 같다. 큰 눈으로 멀리 보고 긍정적으로 보는 눈을 가진 사람. 이런 사람이면 대인 관계도 좋을 듯하다. 눈이 보배란 말이 왜 나왔겠나? 생명 다할 때까지 밝은 눈으로 세상 보기를 하고 싶음이 모든 이들의 바람이리라.

큰 눈 때문에 남동생이 중학교 3학년 때 당했던 일이 떠오른다. 동생이 쉬는 시간에도 책상에 앉아 공부를 하고 있었단다. 야! 아무개야 넌 반장인 것도 부족해서 공부만 하냐! 하는 말에 고개를 드는 순간 친구가 장난으로 던진 분필이 눈에 맞으며 눈동자가 터지는 상황이 벌어져 응급실에 실려 가고 입원했던 일이 있었다. 그 일로 정상 시력을 못 찾은 안타까운 일이 떠오른다. 그때 일을 떠올리면 눈이 커서 당한 일 아닌가? 하는 생각도 든다. 눈이 커서 급히 눈 감는 시간이 더 걸려서 일어난 사고란 생각 때문이다. 모든 기관이 다 중요하지만 특히 생명이 다할 때까지 밝은 눈으로 세상 살기를 원함은 상식 아닌가!

우리 부부는 시간 나면 소 보러 갈까요? 아니면 소한테 갈까요? 하며 자주 소를 만나러 간다. 소를 보러 간다는 선을 넘어 반가운 이를 만나는 친근한 관계처럼 말이다. 오늘 새벽에도 소를 만나고 왔다. 어린 시절 앞마당 소 외양간의 정다운 소와 함께 살아온 날들이 생각나 마음을 평온하게 해주는 것 아닌지 모르겠다. 아무튼, 서울의 고층 빌딩 숲속, 끝없이 달리는 차량 행렬 바로 발치에서 평화롭게 서 있는 소를 만나는 기회를 누릴 수 있다는 것은 행운이 아닐 수 없다.

해가 뉘엿뉘엿 넘어갈 무렵, 석양! 빛을 큰 눈에 부신 듯 받으며, 오늘도 어김없이 오가는 이들에게 소는 묵묵히 표현하기 힘든 만큼의 많은 기를 전했으리라. 긴 꼬리 끝을 살짝 감아서 오른쪽 무릎 뒤쪽에 살짝 얹은 모습은 웅장한 거구의 소와는 어울리지 않는 요염한(?) 자세 같아서 조용한 미소가 지어진다. 묵묵히 청계천을 지키는 점잖은 소야! 내일 또 와서 네 풍성한 엉덩이를 만져줄게.

아버지 생각

나의 오른쪽 둘째 손가락은 늘 바쁘다. 집안 곳곳 어디든 미세한 먼지라도 보이면 오른쪽 둘째 손가락에 침을 발라 먼지를 찍어 내는 버릇 때문이다. 식탁 밑은 먼지가 늘 눈에 잘 띄는 곳이다. 그러다 보니 머리를 찧기가 일쑤였다.

수십 년 된 버릇이다. 늘 아픈 허리, 목 디스크에도 좋을 리가 없다. 어릴 적부터 아버지께서 하시는 것을 보고 은연중 따라 했던 습관이다. 아버지께서는 책 한 권, 작은 무슨 물건 하나라도 반듯하게 제자리에 정돈하시곤 하셨다. 우리는 아버지를 '정리 정돈의 달인'이라 칭해드렸다. 그 깔끔한 성격을 칠 남매 중 둘째 딸인 내가 제일 닮았고 다음은 바로 내 밑에 여동생이 닮았다.

식탁에 앉아 대화 중에 슬그머니 자리를 뜨는 동생, 식탁 밑이나 어느 곳에서 먼지든 무엇을 발견했나 보다. 100퍼센

트 먼지를 찍어 내는 동생이다. 어쩜 그리 우리는 아버지를 빼닮았을까? 나는 얼굴도 아버지를 많이 닮았다고 들었다. 아니 언젠가는 현관 거울 앞에서 깜짝 놀란 일도 있었다. 거울에 아버지 꼭 빼닮은 나를 보고 새삼 놀랐다. 동네 사람들에게 '네가 제일 아버지를 많이 닮았다'고 늘 들어오던 말이다. 이 말에 제일 기분 좋았던 것은 "딸이 아버지 닮으면 이다음에 부자가 된다."라는 말이었다.

내 동생은 깔끔하고 품행이 단정하기로 소문이 나 있었다. 청소 시에도 구석구석 이쑤시개를 가지고 숨은 먼지를 쑤셔 내는 정도의 정갈한 성격이다. 동생이 중학교 때 가정과 수업 시간에 있었던 일을 전해 들었다. 선생님께서 예고도 없이 갑자기 내 동생을 학생들 앞 교단으로 불러내 아이들 앞에 세우셨단다. 속치마 등 옷맵시와 손발톱의 깔끔한 상태를 친구들에게 보여 주시기 위해서. "너희들도 이렇게 해라." 하시며 60명 친구에게 보여 주실 정도였다. 평소에 품행 단정하기로 소문이 나 있었던 동생이었다. 집 안도 쓸고 닦고 가는 곳마다 정리 정돈 청결의 달인으로 통했다.

교육열도 대단하셨던 우리 아버지. 우리 칠 남매를 서울 학교에 보내시니 동네 분들이 법석이었다. 계집 애들까지 대학에 보내느냐?고. 아버지 주장은 다르셨다. 시대에 앞서가신 부모님 덕에 호강으로 행복했었던 우리다. 딸 삼 형제 포함 칠 남매를 모두 서울 학교로 진학시키셨던 교육열은 뜨거우셨다. 동네 분들의 말을 뒤로하시고. 딸들에게도 열과 성을 다하셨다. 당연한 일이었다 생각하면서도 그 시대에 칠 남매 모두를 서울에서 고등 교육을 받게 하신 부모님이 대단하셨다는 생각을 종종 할 때가 있다. 이제 철들어 감사를 표하려니 부모님은 하늘나라에 계시다. 칠 남매 중 둘째 딸인 내가 늘 허약했기에 노심초사 마음 쓰셨던 사랑을 갚지 못한 생각에 마음 아프다.

분주하신 틈을 내서 아침마다 칠 남매의 신발도, 그리고 학용품까지도 살피셨다. 계절 바뀔 때마다 우리를 앞세우시고 새 옷을 사 주셨다. 새 옷에 단추까지 든든히 다시 달아 주시는 자상함도 보이셨다. 어느 초겨울 날, 그날도 칠 남매가 각자 새로 산 옷 보따리를 들고 깡충깡충 뛰며 신나게 집으로 향하던 때, 우리 칠 남매에 부모님까지 9명, 일개 소대의 식구들이 함께 움직이는 일이 종종 있었다. 막냇동생은 제 옷은 제가 든다고 고집하며 힘에 부칠 정도의 무거운 옷 보따리를 힘겹게 들고 우리를 뒤따랐다. 귀마개 달린 털모자를 눌러쓰고 다리를 늘려가며 종종걸음으로 우리를 뒤따르던 막냇동생. 어느덧 나이 칠십이 내일모레다. 할아버지 할머니 대가족에, 바쁘신 엄마 손길을 아버지께서 많이 도와드린 셈이다. 사업 번창에 쫓기시면서도 가족에게 자상하셨던 아버지, 이런 아버지셨는데 97세에 세상을 떠나셨다. 사무치도록 그립다. 언니와 여동생, 나 이렇게 삼 형제는 한방을 썼다. 우린 자주

'우리 아빠 같은 사람과 결혼하자'라며 재미있게 깔깔 많이도 웃었다.

우리 아버지께는 고모님이 세 분이나 계셨다. 우리에게 대고모님들께선 유난스러우셨다. 누가 우리 아버지를 쳐다만 보아도 "쳐다보지도 말라." 하시던 말씀도 여러 번 들었다. 그만큼 친정 조카인 우리 아버지를 귀히 여기셨기 때문이리라. 나도 늘 친정 조카가 귀하게 여겨지기에 대고모님들 조카 사랑이 백 번 이해가 된다.

무슨 옷을 입으셔도 잘 어울리셨던 아버지! '영국 신사'라는 별명도 들으셨던 아버지가 그립다. 내일 설날 그렇게도 조상님을 극진히 섬기던 아버지께서 어머니와 손잡고 장남인 우리 오빠 집으로 오실 것만 같은 섣달그믐 날이다.

2022. 1. 31.

아버지의 찬양

'아버지'란 이름을 불러 본 지 오래다. 사업가셨던 카리스마 넘치시던 아버지! 4남 3녀를 두시고, 늘 활기차셨던 아버지! 사업도 정력을 다해 번창시키셨다. 정미소, 운수사업, 염전, 양조장, 많은 농토까지 소유하셨었으니 얼마나 분주하셨을지? 안팎에서 일하는 이들이 서너 명씩 있었다. 그중엔 우리 집에서 노인이 된 사람도 있었다. 박 서방이었다. 동네 청년들은 중학교 정도 졸업하면 거의가 우리 정미소 염전 버스 양조장에서 일을 했었다.

분주함 속에서도 자상한 남편이고 사랑 많으신 우리들의 아버지.

동네를 다방면으로 지키신 동네의 유지셨다.

이른 아침이면 마당을 쓸며 우리들 하나하나의 신발도 살피시고, 책가방을 열어 학용품 점검까지도 하셨다. 우리 옷을 손수 사 오셔서 단추도 다시 달아 주셨던 자상함도 늘 자랑이었다. 단정함을 늘 강조하시던 빈틈없으셨던 멋진 아버지. 언니와 여동생 우리 딸 삼 형제는 한방을 썼다. 우리는 다음에 우리 아빠 같은 신랑한테 시집가자고 자주 얘기하며 웃었다. 그야말로 아버지는 우리의 자랑이었다. 아니, 신뢰할 수 있는 우리들의 상담 상대였었다.

대운동회 날이면 본부석에서 상장도 수여하셨다. 얼마나 자랑스럽던지, 지금 생각하니 상품의 스폰서도 하신 듯하다. 우리는 늘 어깨가 귀에 닿도록 기가 살아 있던 시절을 보냈다. 오빠 언니가 서울 중학교에 입학해 작은엄마 댁에서 다녔다. 내가 6학년 졸업 서울 중학교에 입학하면서 시골집을 떠나 서울로 이사를 하였다.

서울로 이사 후 동생들 입학 때마다 신경을 많이 쓰셨던 부모님. 학군 따라 보내고 싶었던 학교 교문 앞 친척 집 문간방에 살림 일부를 옮겼다. 언제 나올지 모를 가정 방문, 학군 검열에 철저한 대비를 한 것이다. 그 덕에 동생들 모두 혜화초등학교에 입학을 시키셨었다. 누구보다 자식들의 학구열에 열과 성을 다하셨었다. 할머니 할아버지를 떠나 서울로 오기가 많이 서운했던 나. 고향을 그리는 마음은 늘 나를 떠나지 않았다.

방학하는 당일로 시골로 향했던 나였다. 그때 6학년이 두 학급이었지만 서울 중학교에 입학한 친구는 몇 명 안 되었다.

방학해서 시골 할머니께 가면 친구들이 집으로 몰려와 교복도 구경하고 부러워했었다. 할머니께선 모인 친구들에게 저녁상을 차려 주시고 흐뭇해하셨다. 그때 그 친구들 얼굴을 하나하나 그려 본다. 보고 싶은 어릴 적 친구들.

자전거 얘기도 빼놓을 수가 없다.

시골 마을 전체에 자전거도 아버지 자전거 한 대뿐이었다. 5일 장이 서던 장터에 아버지 양조장이 있었다. 아버지는 자전거로 출퇴근하셨다. 읍내서 장을 보아 오는 일도 아버지 몫이었다. 지금도 잊히지 않던 일 중 하나. 동네 청년들이 자전거 타고 싶어 하는 마음을 읽으신 아버지는 순서를 정해 놓으시고 돌려가며 자전거 탈 기회를 주셨었다. 아버지 장례식날 면장을 지내셨던 친척 아저씨가 나에게 "아버지한테 자전거를 배웠기에 평생을 자전거와 친숙해져서 정년까지 잘 근무했지."라고 하셨다. 나도 가끔 아저씨 허리를 잡고 뒷자리에 타고 면사무소까지 갔던 생각이 났다. 아버지의 배려로 동네 청년들은 분주했고 활기가 넘쳤었다. 요즘 어린아이 때부터 타는 흔해진 여러 종류의 자전거를 보며 격세지감을 느낀다.

부모님의 일상은 서울서 조상님 제사에 온갖 정성을 다하시는 일이셨다. 엄마의 일기장엔 아버지와 제사 흥정 다니셨던 일이 많이 쓰여 있었다. 어떤 날 일기엔 "춘천 사는 아들이 조상님 제사를 모셔가고 처음 올리는 제삿날이다. 서운한 마음에 춘천을 향해 절을 올렸다."라고 기록을 남기셨었다.

80세 넘으셔도 조상님 제사를 당신이 모신다 고집하셨던 어머니. 얼마나 서운하셨으면…. 그래서 가끔 우리들은 어머니가 곡부 공씨 공자 자손이시라 조상 섬기심이 남다르신가?라고도 했었다.

그러나 부모님 세상 떠나시며 성당 다니는 셋째 아들 집에서 제사를 모시고 있었다. 어머니는 늘 제사를 극진히 모셨다. 살아생전 극진히 모시던 제사의 뜻은 이루지 못하셨다 할까? 어머니 뜻하신 일은 이루어지지 않았다고 할까? 이런 일이 있었다. 어머니가 대퇴 골절로 입원하시며 전신 쇠약 등으로 회복이 어려운 지경에 처하셨다. 거의 임종이 다가올 무렵 집 근처 교회에 찾아가 임종 예배를 부탁드렸다. 우리 자식들의 제안이었다. 그 안에 몇 차례 아들딸들이 할머니 할아버지 영혼 구원을 시켜드려야 한다고 목사님 모셔다 기도드리며 믿으시기를 강요하듯 '아멘'으로 응답을 받아 낸 상태였다.

임종 예배 30분 후에 눈을 편안히 감으신 우리 어머니. 얼마나 다행인지 하나님께서 우리 가족 사랑하심을 알고 인도하셨다는 생각이 들었다. 그 후 아버지께서는 교회에 열심히 나가시고 제사는 아들 집에서 자유로워졌다.

적당히 흰 머리칼에 훤칠하신 키, 예부터 출중하신 인물에 풍채까지 좋으셨던 아버지. 정장 차림에 성경책을 들고 교회 출입하시는 모습은 중후해 보였다. 우리 자녀들에겐 감동 그 자체였다. 칠 남매를 앞세우시고 옷 사 주러 총출동하는 날이었다. 아버지가 옷을 고를 때 입어 보시는 옷매무새를 본 다른 손님이 '저 아저씨가 입은 옷 주라'고 한다. 그 사람이 입으면 안 어울렸다. 옷태가 좋으셨던 아버지. 우리들 옷까지 사고 경쾌한 걸음으로 집으로 향하던 우리 가족의 모습이 눈에 선하다. 그렇게 자라서인지 우리들은 다 새 옷을 좋아한다. 화신 앞 지하도에서 각자 옷 보따리를 들고 기분 좋았던 그 스냅 사진을 찾아보아야겠다. 개구쟁이 막냇동생은 그때 귀마개가 달린 털모자를 썼었다.

요즘 가족 앨범에서 아버지께서 찬양하시던 모습이 담긴 사진을 발견했다. 우리가 알았으면 당연히 갔을 일인데 아쉬웠다. 우리는 눈물까지 흘리며 감동했었다. 구역별 찬양잔치 행사에서 찬양하시던 아버지, 멋있는 모습이 무엇보다 자랑스럽고 귀한 사진이다. 지금까지의 많고 많은 사진 중에서 제일 자랑스러운 아버지의 모습이다.

엄마가 세상 떠나셨을 때다. "애들과 지내다 한 3년 후 당신 따라가리다." 엄마 장례 행렬 따르며 하시던 약속. 그 후 둘째 아들네와 사신 기간 등 7년 후 97세에 어머니 뒤를 따르셨다. 자랑스러운 아버지! 하늘나라에서 엄마 만나 편히 계시리라 믿는다. 아버지의 많고 많은 사진 중 95세 아버지의 찬양 모습이 담긴 사진이 제일 귀한 감동을 선사했다. 아버지! 아버지의 찬양 모습 멋있어요. 사랑합니다.

2021. 12.

부분 월식

무슨 일이 생기려는가. 간밤엔 가슴이 답답하고 잠이 오지 않더니 학교에서 전화가 왔다.

학교 부근 안영리 유원지에서 익사한 사람이 우리 반 ○군과 같다 하니, 가서 확인해 보라고 한다. ○군이라면 창백한 얼굴에 슬픈 눈동자를 가진 학생이다. 학기 초만 해도 그는 성실한 학생이 아니었다. 그에게 학교생활은 관심 밖의 일이었다.

그가 결석한 어느 날 자취방을 가 보니 친구들과 잠을 자고 있었다. 취사도구는 있었으나 언제 사용했는지 먼지가 뽀얗게 묻어 있고, 재떨이에는 담배꽁초가 수북이 쌓여 있었다.

그 후 부모와 상담하여 자취를 그만두고 하숙을 하게 하였다. 이러한 관계로 그를 자주 만나면서 정(情)도 들었다. 그동안 닫혀 있던 마음의 창도 열리게 되고, 가슴 깊은 곳에 감춰 뒀던 고뇌도 하나, 둘씩 해결해 나갔다.

학교생활도 흥미를 갖기 시작하여 실습 시간이면 서툰 솜씨로나마 기계를 다루느라 땀도 많이 흘렸다. 그 후, 열심히 실습하여 기능 자격시험에도 응시하였다. 이럴 즈음 현장 실습을 나가게 되었다. 혹시나 외지로 실습을 나가면 그전의 생활 습관으로 돌아가지 않을까 걱정이 되어, 현장 실습도 집 근처로 보내 주었다.

학교에서는 내가 관심을 갖고 보살폈지만, 사회에 나가선 부모에게 맡겨 성실한 사람으로 키우고자 하였다. 그러나 사람 일이란 알 수가 없다. 사고현장으로 가면서도 익사한 사람이 그가 아니길 바랐다.

유원지에는 더위를 피해 온 사람들로 붐비고 있었다. 어른들은 물속에 몸을 담가 더위를 쫓고, 아이들은 물장구를 치며 더위를 잊었다.

현장에서 경찰을 만났다. 학교에서 왔다 하니 사고 경위를 설명해 준다.

청년 몇 명이 야유회 왔다가 점심을 먹은 후, 한 사람이 더위를 참지 못하고 수영 금지 구역으로 뛰어들었다. 물속을 헤엄쳐 건넌 후, 친구들에게 건너왔다고 뽐내며 소리를 질렀다. 여기 뒤질세라 ○군이 물속으로 뛰어든 것이다. 강물을 절반쯤 건너갔을 때, 그는 심장마비를 일으켜 허우적대다가 끝내 물속에 잠기고 말았다.

친구들 앞에서 부려 본 만용이 귀중한 목숨까지 앗아간 것이다. 사체(死體)는 이미 구급차에 실려 병원으로 옮겨졌다고 한다.

나는 익사한 사람이 ○군이 아니길 바라며 사체의 신원에 대해 자세히 물어보았다. 경찰은 서슴없이 ○군이라 한다.

그는 조치원으로 현장 실습을 나갔기 때문에 대전에 올 이유가 없었다. 그런 그가 죽다니 믿을 수가 없었다.

경찰에게 교무 수첩에 있는 그의 사진을 보여주며 다시 확인을 해 보았다. 경찰은 나의 이런 태도가 귀찮은 듯, 대답 대신 호주머니에서 ○군의 주민등록증을 꺼내 보여주었다. 아직도 물기가 채 가시지 않은 주민등록증이 ○군이 아닐 것이란 나의 간절한 소망마저 앗아가 버렸다. 한 가닥 남은 바람마저 물거품이 되어버린 순간이었다.

이제 병원으로 가 확인해 보는 수밖에 없다. 병원에는 그의 어머니가 와 계셨다. 장남을 잃은 슬픔에 울다 지쳐 넋 나간 모습으로, 죽기 전 아들의 생활 모습을 넋두리로 늘어놓는다.

그는 실습을 나가 회사에 첫 출근을 하였다. 그러나 휴가기간이라 일주일 후에 출근하라는 말을 듣고 집으로 돌아왔다. 어머니는 아들이 집에 와 있는 며칠 동안은 행복하기만 하였다.

객지에 있는 동안 가끔 말썽을 부려 학교나 경찰서에도 여러 번 불려 간 일이 있었다. 어디서 전화만 와도 또 무슨 일을 저지르지 않았나 하고 마음을 조여 왔는데, 집에 있는 동안은 너무 성실하게 생활하였다. 집 안 청소도 하고 동생들까지 보살펴 주니, 한없이 흐뭇하기만 하였다. 어머니는 이제야 아들이 철이 좀 드는 것 같아 용돈도 넉넉히 주었다고 한다.

인간은 자신의 운명을 미리 아는 걸까, 아니면 어떤 절대자의 계시로 움직이는 것일까? 두견은 죽기 전에 가장 구슬피 울고, 인간도 죽음 앞에선 진실해진다는 말이 실감이 났다.

그도 집에 있는 동안은 성실하게 생활하였다. 용돈으로는 어머니의 흰 모시옷을 사다 드렸다. 이러한 그의 행동으로 보아 사람은 죽기 전에 자신도 모르는 죽음을 암시하는 어떤 행동을 하는 듯싶었다.

어머니는 그가 마지막으로 보여준 성실한 행동이 못내 아쉬운 듯, 아들이 사다 준 선물을 부둥켜안고 단장의 아픔을 토해 내고 있었다.

다른 사람의 빈소(殯所)에는 화환과 영정(影幀)이 있어 화려했는데, 그의 빈소는 초라했다. 영정도 하나 없이 황 촛불 두 개만 눈물을 흘리고 있었다. 내 마음은 그를 잃은 슬픔에 잠겼다. 너는 어찌하여 내 기대를 저버리고, 그것도 부족해서 부모의 가슴에 묻히려 하는가. 먼 곳을 향해 떠나는 그의 얼굴이라도 떠올리려고 하늘을 보니 둥근 달만 중천에 떠 있다. 달 속에서라도 마지막 모습을 보고픈 심정에 달을 유심히 바라보았다. 그의 모습은 보이지 않았다. 그런데 이게 웬일일까? 달이 구름에 가린 것도 아닌데, 밑부분이 조금씩 검게 변하고 있었다. 아무리 찾으려 해도 보이지 않던 그의 얼굴이 그곳에 있었다.

청춘을 활짝 피워 미력하나마 부모의 어려움을 덜어 드리려 했는데, 죽음으로 인해 스러졌으니, 얼마나 애통한 일인가. 자신의 앞날을 둥근 달처럼 환히 밝히려 했지만, 부모의 가슴에 한으로 서렸으니 어찌 밝게 비출 수가 있겠는가.

그는 달의 밑부분을 침식시켜 불효의 아픔을 나타내려고 한 것 같다.

생각이 여기까지 미치자, 달을 바라보는 내 마음도 착잡했다. 잠시 후 침식된 부분이 사라지자 달은 더욱 밝았다. 달도 밝았으니 이제 너도 이승의 그림자는 지워 버리고, 저승에서나마 밝게 살아 보려무나.

개학해서 학교에 갔다. 교실 빈자리엔 ○군의 모습은 보이지 않고, 그가 살아서 응시했던 기능사 자격증만이 주인을 기다리고 있었다.

『수필문학』 1991. 3월호

북한강 변에서

봄의 전령사 노란 꽃 개나리 축제는 서서히 막을 내렸다. 꽃은 서서히 지겠지만 노란 개나리 진 자리엔 연녹색 꽃들이 앞다투어 자태를 뽐내는 계절이 올 것이다. 이를 바라보며 강바람 산바람 가슴으로 맞이하면 좋은 글이 저절로 머리에 번득일 것 같은 생각이다. 이때 북한강 변에서 만난 문학 기행의 기회는 행운이었었다.

비 내리는 날이었다. 궂은 날이라는 생각보다는 '소나기 마을'이라는 이름이 잘 어울리는 이곳, 바쁜 생활에서 분주했던 마음을 가라앉히고 영상으로 준비된 홀에 쏟아지는 소나기를 맞아보았다. 체험 중에 멋진 체험이었다.

주위의 경치들은 말 그대로 시를 쓰는 붓처럼 보였다. 이런 환경에 오면 누구나 글이 떠오르고 시상이 떠오를 것 같은 마음은 시 마을에 내가 들어섰음이리라.

비가 촉촉이 내리는 주위 환경이 마음을 충분히 가라앉히고도 남음이 있었다. 하늘을 올려다보며 북한강 강변에서 문학소녀가 되고 싶은 마음이다. 80대 할머니가 찾은 소나기 마을, 이름도 정다운 곳이다. 지금까지 경험했던 추억들이 낱낱이 떠오르며 행복감에 빠져든다. 자연 속에 함께 사는 문학소녀가 되고 싶은 날이었다.

2023. 4.

내 생일

음력 유월 스무닷새가 내 생일이다. 삼복더위 중 중복 말복 사이에 내 생일이 들었다. 올해같이 무덥고 코로나까지 극성이니 최악의 해다. 하루하루가 힘들다. '우째 이리 덥대유…', 우리 고향 경기도 평택 사투리가 더 늘어진다. 여기저기서 더위로 인한 피해 보도가 이어진다. 이런 더위 속에서 열리는 올림픽 잔치는 2021년에 치르지만 2020년이란 제목을 달았다. 많이 축소된 잔치였다. 작년에 못 치렀던 올림픽이란 뜻이다. 가마솥에서 볶아지는 콩처럼 열을 받는 기분이다.

이런 더위 속에서 나를 해산하셨을 때의 어머니의 산후조리가 궁금했다. 할머니께서 "군불을 때놓은 방에 문 꼭 닫고 이불 푹 쓰고 땀을 내야 올바른 산후조리"라시며 참외 따러 가셨단다. 그사이 '이때다' 하고 마당 펌프 물을 퍼서 온몸에 좍좍 뿌리셨다니… 우리 어머니, 산모로서 해서는 안 될 일을 하셨다. 얼마나 더웠으면 산모가 지하수 찬물을 뒤집어썼을까? 그리고 당장 더운 것만 생각했지, 해산 후의 관리의 중요성을 알기나 하셨을까? 오늘도 그때 못지않은 폭염이 계속된다.

두 살 터울인 바로 밑에 동생 생일도 음력 7월인데 똑같은 실수를 다시 반복하셨단다. 그 후 '100프로 그 영향이었다'고 생각되는 어머니의 건강 이상 증상으로 많은 고생을 하셨다. 산후조리라는 개념도 몰랐을 엄마의 20대, 시어른들 모시며 안팎 머슴에, 사업하시는 아버지의 내조 그리고 올망졸망 우리 칠 남매의 육아, 얼마나 일이 많고 힘드셨을까? 살아 보니 어머니의 고통을 알 만하다.

그때 어머니가 24세였단다. 옛날 스물넷에 무슨 철이 들었겠나? 우리 딸과 며느리도 해산 후 내복을 내미는 내게 놀라며 손사래를 쳤었다. 노인 세대가 권하는 산후조리는 서구 문화와는 사뭇 다른 것 같다. 독일의 산후조리를 엿볼 기회가 있었다. 산후 미역국은 물론 모르거니와 금방 샤워하고 빵을 먹는 문화인 것을 보았다. 뜨겁게 온돌 위에서 지지고 뜨거운 미역국을 먹으며 땀 내기. 우리만의 일등짜리 빛나는 산후조리 방법인 것 같다. 꼭 철저한 조리를 해야 노후까지 건강에 무리가 없음을 우리는 주위에서 보아서 안다. 어머니는 그때 찬물에 샤워한 일로 많은 후회를 하시며 고생을 하셨다. 그 후 우리 삼 형제 딸들의 산후조리는 철저히 챙겨 주셨다.

내 생일 날, 코로나 방역 수칙을 지켜야 하는 상황에서 애들의 주선으로 아들딸네 모두 열 식구가 조심스레 모였다. 우리 칠 남매도 시누이 칠 형제도 초대하지 않았다. 생일 하려고 가족 증명까지 동사무소에서 떼어야 하는 상황(?). 씁쓸한 기분이었지만 4단계로 격상 격리해야 되는 상황이니 으레 챙겼다.

꽃다발, 옷, 편지, 현금 봉투, 분에 넘치는 선물 세례를 받았다. 한편 흐뭇하면서도 불안감이 든다. 아무 일 없어야 되는데 조심조심했다. 맛있게 식사하는 시간은 행복했다. 손녀딸이 사진도 많이 찍었다. 그때 사진은 손녀의 자상함에 힘입어 액자에 담겨 거실에서 귀한 대접을 받는 자리에 놓여있다. 작은 행복을 꿈꾸며 사는 자신에게 늘 가족이 있음에 감사한다.

속히 코로나가 종식되기를 바라는 마음이다. 신은 한쪽 문을 닫을 때 다른 쪽 문을 열어 두는데, 인간들은 닫힌 문만 바라보느라 미처 열린 문을 보지 못한다고 한다. 우리가 지금 그렇게 살아가고 있는 것은 아닌지?

올해도 삼복 중 79회 내 생일은 많은 땀을 흘리며 이렇게 지나갔다. 예쁜 카드에 쓰여 있는 '행복하세요, 사랑해요.' 중학생 동호와 4학년 꼬마 오성이 카드도 나에게 많은 힘을 실어준 하루였다. 인생 행복의 단면이다.

2021. 8.

짧은 동화

제목: 개미 지은이: 윤지원

어느 날 비가 왔습니다. 그런데 개미가 슝~ 날아갔습니다. 아, 아이코, 쿵. 개미는 머리에 혹이 났습니다. "혹이 났네? 어떻게 하지? 흑흑~" 개미는 울었습니다. 갑자기 어디서 누군가가 "괜찮아" 라고 말했습니다. 바로 엄마 아빠였습니다. "진짜로? 그럼 고맙습니다. 아이 몰라~" 다음 이야기에서 만나요.

지원이가 유치원 때다. 주말에 아들네 식구가 다녀갔다. 책상 정리 중 지원이가 낙서처럼 써 놓은 종이 한 장을 무심코 펴든 나는 놀랐다. 할머니 책상 지저분하다며 정리 못 한 나에게 한마디 하고, 한참을 조용하기에 뭐하나 했었는데…. 아니 지원이가 이런 글을.

어떤 생각이었을까? 개미가 머리에 혹이 나서 어떻게 하지…. 울고 있을 때 바로 엄마 아빠를 떠올린 것이 대견(?)하고 부모의 사랑을 듬뿍 받고 있는 지원이가 예쁘고 귀엽다. 해처럼 밝은 얼굴에 가득한 미소는 늘 지원이의 것이었다.

둘째는 아들이려나…. 기대했던 마음은 잠깐, 그럴 겨를도 없이 출생 직후 수술을 두 번씩 받아 집안 식구들을 긴장하게 했던 지원이다. 척추에서 척수액이 샌다는 이유였다. 수술 후 부작용이 있을 수 있다고 했다. 주치의 설명에 주저앉았던 우리들이었다. 수술 후 생후 6개월 때다. 아비가 영국 옥스퍼드 대학교 천체물리학과 연구원으로 가게 되었다. 어린애 둘씩 데리고 가는 일이 마음에 부담이 되었다. 우리 내외는 안달하다 좇아가 상황을 보자며 영국행 비행을 결정했다. 애들 떠난 후 50일 만이다.

아들은 옥스퍼드대학 연구실에서 거의 새벽에 들어왔다. 세 살짜리 혜원이도 아직 어리고, 며느리가 아주 힘들어했다. 지원이는 우리가 있는 한 달 동안도 응급실에 몇 차례나 갔다. 변을 조절 못할 수도 있다는 것이 걱정 중 하나였다. 그곳 영국 병원의 응급실에서는 하는 치료가 없었다. 그냥 눕혀 놓고 저절로 변을 볼 때까지 지켜보고만 있었다. 간호사 출신인 나로서는 답답하기 그지없었다. 아예 집에 데리고 와서, 관장을 시켜 배변을 도와주었다. 며느리는 어머님이 이렇게 돌봐 주시니 안심이 된다고 했다. 내가 귀국해도 집에서 하도록 관장 방법을 알려주었다. 귀국해서도 늘 걱정이었다.

그 후 지원이 돌 때 가니 많이 좋아지긴 했어도 자주 보챘다. 어미 아비가 지원이에게 신경을 많이 쓸 수밖에 없는 상황이었다. 혜원이를 떼어 놓고 오기가 마음이 쓰였다. 온 가족에게 걱정을 끼쳤던 지원이가 많이 커서 이런 아름다운 사랑 얘기를 글로 쓰다니… 남의 나라 얘기 같지 않음은 가족이기 때문이다. 기특하고 사랑스럽다.

아비가 옥스퍼드대학교 연구원으로 뽑힐 때 세계적인 석학들이 모인 중 70대 1의 경쟁이었다. 거기에다 영어권 학자들과 경쟁하려니 연구가 많이 힘든 모양이었다. 힘든 상황 설명으로 마라톤 선수 예를 들었다. 다른 선수들은 두 발로 뛰는데, 자기는 외발로 뛰는 형상이라고, 길고 가는 다리로 사막을 달리는 낙타의 측은한 모습이 떠올랐다. 3년을 연구실에서 밤낮을 안 가리고 뛴 결과로 옥석을 가려내는 쾌거를 올렸다. 가슴이 찢어지는 부모 심정을 누가 이해할까? 2002년 우주의 나이가 125억 년이라던 기존의 학설을 뒤집어 140억 년으로 밝혀냈고, 2006년에는 색으로 젊고 늙은 은하를 알 수 있다는 기존의 통념을 뒤집었다. 별의 나이는 색과 무관하다는 두 가지 연구 결과 모두 미국 과학 잡지 사이언스지에 우수논문으로 실려, 세계 과학계의 별이 되었다. 일간지와 방송을 타며 축하 전화가 쇄도하고 얼마간 잔치 분위기였다. 그런데 한편 누군가에게 소중한 것을 빼앗긴 것 같은 기분이었다. 지금도 늘 바쁜 생활 속에 자주 보기가 쉽지 않다. 우리 아들이기 이

전에 세계의 아들인 것 같은 생각이 들 때가 많다.

박사과정 할 때부터 지원이 때문에 얼마나 힘들어했는지 박사 논문 서두에 "논문을 지원이에게 바친다."라고 썼을 정도였다. 2011년 미국 보스턴 하버드대학교 스미소니언재단 천체물리연구소 교환교수로 가는데도, 14개월 동안 가족이 같이 머물고 왔다. 그런 연유인지 사랑의 교감인지 유별나게 아빠를 좋아하고 챙기는 딸 지원이다. 얼마 전 아빠가 헝가리 부다페스트 학회에 갔을 때 식당에서 혼자 식사하는 사진을 카톡으로 받아 보고 "아빠가 불쌍하다."고 울었다. 이런 감정이 부모 자식 간의 애틋한 마음이 아닐까?

현재는 아들이 연세대학교 천문우주학과 교수, 은하진화연구센터 교수 직함을 가지고 재직 중이다. 최연소 학과장을 역임하기도 했다. 며느리는 피아노 전공 재원인데 재주를 묻어 둔 채 남편과 아이들 뒷바라지에 열성을 다하고 있다.

교회에서 피아노 반주로 구역장으로 봉사 중이다. 혜원이는 드럼 반주로 하나님께 영광을 돌리고 있다. 늘 걱정하던 지원이는 아주 정상으로 성장 167cm의 늘씬한 키와 몸매를 뽐내며 예쁘게 잘 크고 있다. 큰 전쟁에서 승리하고 씩씩하게 돌아온 개선장군처럼…. 힘들었던 가족들에겐 숨죽였던 가슴을 펴고 주님께 감사드린다.

개미 혹 난 이야기를 쓴 꼬마. 짧은 동화를 쓴 윤지원. 어린 동화작가는 중학교 2학년생이 되었다. 북한 김정은도 무서워서 못 쳐들어온다는 중2. 중학교에서 고등학교로 가는 힘든 과도기라 어려운 때라는 뜻일까? 아무튼, 지원이의 장래는 창대(?)하리라.

믿는다. 자신이 원하고 노력하면 세계 어린이들의 동심을 감동시킬 동화작가가 될지도 모를 일이다. 윤지원 파이팅!

2016. 3.

부모님 사진

내 책상 위엔 지금도 우리 부모님께서 여행 가방을 무릎 위에 얹어 놓고 나란히 벤치에 앉아 찍으신 사진이 놓여 있다. 부모님 70대 때다. 이 사진은 아버지 생신에 도고로 여행 가셨을 때 신창 기차역에서 서울행 기차를 기다리시며 찍으셨던 사진이다. 한국콘도 체인점이 여러 곳에 있어도 도고 온천을 좋아하셨다. 도고는 서울에서 거리가 제일 가까웠기에 자주 가셨었다.

한국 콘도, 도고 체인점, 생신 때가 되면 자식들 신경 덜 쓰게 하실 생각으로 콘도로 떠나실 짐을 꾸리셨다. 내일이 아버지 생신날이었다. 두 분이 여행 떠나시는 날이면 칠 남매가 버스나 기차역에 모여서 환송을 해 드렸다. 손에 쥐여드렸던 용돈 봉투, 작은 생일 케이크 준비는 두 분 얼굴에 웃음을 가득 담아드렸다.

부모님 타신 차가 떠난 후, 우리 칠 남매는 찻집에 들러 밀린 얘기들을 나누며, 부모님의 즐거운 여행을 위해 기도해 드렸었다. 버스가 떠날 시간에 오르는 손님은 달랑 우리 부모님 두 명뿐일 때도 있었다. 부모님을 위하여 열 명 이상 모인 우리가 탑승객인 줄 알았던 운전기사가 실망 조로 “같이 안 가세요?” 하며 허탈해할 때도 있었다. 부모님 여행 떠나신 자리는 쓸쓸했다.

도착 후 꼭 도착 소식을 전화로 주셨다. 그다음 날 또 시간 되는대로 칠 남매 중 몇 명이 콘도로 예고 없이 습격하듯 나타난다. 엄마가 콘도에서 끓이신 미역국에 준비해 가신 생일상도 칠 남매의 추억 상자에 담겨 있다. 우리 칠 남매에 올케들까지 어딜 가나 버글버글 못 말리는 자식들이다.

결혼 전에도 후에도 엄마가 집에 안 계시면 가방도 손에 든 채 시장 가셨다면 시장에, 아니면 어디서든 엄마를 찾아 같이 집에 들어갔다. “엄마 금방 와.”라는 아버지 말씀도 들리지 않았다. 가끔 오직 엄마를 찾던 생각이 더욱 엄마를 그립게 했다. 그런 자식들인데 성인이 되니 엄마를 그리는 그리운 마음을 접고 사는지 얼마인가? 엄마가 안 계신 집은 빈집 같던 생각. 이 세상에 아무도 없는 것 같은 생각. 학교서 집에 들어서자마자 엄마를 크게 부르던 버릇의 자식들. 어느덧 막내도 중늙은이가 되었다.

책 읽으시던 구성진 엄마 목소리, 재미난 얘기책들이 엄마 손에 들려지면 실타래 풀리듯 마술처럼 재미가 더해진다. 낮에 밤참으로 준비한 식혜며, 찹쌀부꾸미, 한과, 홍시 등이 푸짐하게 차려진다. 시골집 겨울밤은 우리 집 안방에 가득 모인 동네 어르신들이 엄마의 구수한 책 읽는 소리에 빠져드는 밤이었다. 어른들은 이제 다 고인이 되어 같은 선산에 누워 계시다. 모두 친척들이었다. 엄마가 세상 떠나신 지도 어언 12년이 된다. 칠 남매가 아무리 떠들어도 조용히 하라는 말씀 한마디 안 하시던 심히도 조용하시고 무던하셨던 어머니 생각이 많이 난다.

『사씨남정기』, 『숙영낭자전』, 『구운몽』 등의 고전을 즐겨 읽으시던 엄마. 영화도 좋아하셨다. 동네 동도 극장 프로가 바뀔 때마다 극장을 찾으셨다. 그 시대에 그런 엄마는 우리 엄마뿐이셨을 거란 생각은 지워지지 않는다. 영화 보신 스토리를 재미있게 해주시던 엄마가 오늘 따라 그립다는 생각을 늘 하며 컸다. 며칠 전 꿈이다. 도고 역에서 여행 가방을 무릎에 얹으시고 벤치에 앉아 계시던 부모님은 여전히 콘도에서 우리를 기다리고 계셨다. 엄마 손을 잡으려 엄마!라고 크게 부르며 잠에서 깼다. 새벽 기도 갈 시간이다.

2017. 12.

할아버지 생각

새벽 1시 40분이다. 온몸이 땀에 흠뻑 젖어 잠에서 깼다. 창문을 열었다. 달빛이 환하다. 생각하니 오늘이 음력 칠월 보름 둥근 달밤이다. 할아버지 생각이 문득 난다. 칠월 초닷새가 할아버지 기일이다. 해마다 잊지 않는 날이다. 할머니 기일은 6월 열아흐레다. 지금은 한식 때 선산 재실에서 제를 올린다. 친정 제사라서인지 늘 참석하진 못한다. 다만 잊지 않고 있을 뿐이다. 할아버지 얼굴도 뵌 적은 없지만 늘 보고 싶고 궁금했다. 지금까지 안타까운 얘기를 들어와서다.

할머니의 일생을 철들면서 보아왔다. 텃밭 참외 원두막에서 공부하시다가 머리 아프시다 하셨는데 손쓸 틈도 없이 세상을 뜨셨다니 기막힌 노릇이 아닌가? 그때 할머니가 20세, 할아버지는 19세 지금의 고등학생이었다고 들었다. 장남이 우리 아버지셨고, 작은아버지는 연년생으로 유복자셨단다. 할머니가 살아오신 세월은 기적이란 생각이 든다. 요즘 같았으면 이런 청상과부가 시부모 봉양하며 아이들 키우며 살기나 했을까? 우리는 크면서 우리 할아버지는 어떤 분이셨을까? 우리 칠 남매가 부모님의 지극하신 사랑 안에 자람을 큰 복이라 여기며, 아버지가 심히 딱했다는 생각을 지울 수가 없었다. 할머니는 우리가 할아버지 보고 싶다고 하면 "할아버지 너희 아비가 꼭 할아버지 닮았다."고 하셨다. 아버지는 할아버지 사진 한 장도 없음을 안타까워하셨다.

할아버지께서 지금의 고등학생이셨다는데 사진이 없음이 이해가 안 되었다. 할아버지 사진을 구하려 다니시던 학교에도 수차례 방문해 알아보셨다고 들었다. 아버지 얼굴도 못 보고 작은아버지와 형제분이 구십 세를 넘겨 사셨다. 보기 드문 의좋기로 소문난 형제셨다. 상상도 안 되는 일이다.

입추도 말복도 지났다. 벌써 시원해지는 가을 공기. 환한 저 달 속에서 우리를 지켜보고 계실까? 이런 아이 같은 생각도 해 본다. 우리 할아버지가….

아버지 고모님이 세 분 계셨다. 조카인 우리 아버지, 작은아버지를 귀히 여기셨다. 어느 정도였나 하면 누가 우리 아버지를 쳐다만 봐도 잘생긴 얼굴 닳는다고 아깝다며 못 보게 하셨다 한다. 고모로서 아버지 없는 조카들 사랑이 얼마나 크셨을까 짐작이 갔다. 우리도 친정 조카는 유난히 마음이 가지 않나? 잘 생기신 우리 아버지 형제분을 닮으셨다니 우리 할아버지는 얼마나 미남이셨을까? 19살 고등학생 때 하늘에서 부르셨다니 천지가 진동하듯 떠들썩했음에 짐작이 간다. 지금 세상엔 상상도 못 할 소년 과부로 시부모님 모시고, 어린 형제 기르시기 얼마나 힘드셨을까? 본인 아니고서야 어찌 상상할 수 있는 일일까? 할머니 불쌍한 생각에 나는 유난히 할머니를 따랐다. 방학하는 날로 할머니한테 갔고 방학 때면 원두막에 가서 쉬며 방학 숙제하고 참외 따 먹던 일들이 생각난다.

빨간 고추 따며 바구니 가득 찰 때의 뿌듯함도 할머니와 함께하는 재미였다. 하시는 일마다 따라다녔다. 여덟 살 때 피난도 부모님 따라서 안 가고 할머니와 시골집에 머물 정도였다. 지금도 할머니 생각만 하면 눈물이 나고 보고 싶다. 내가 첫아들 낳고 둘째로 딸을 낳았을 때다. 그렇게 아기를 보고 싶어 하셨는데 백 일이 다 되어도 못 보여드렸다. 학교에 봉직할 때였다. "여름 방학하면 데리고 갈게요." 약속드렸다. 그날을 손꼽아 기다리셨는데… 방학 3일을 앞두고 돌아가셨다. 증손녀를 많이 보고 싶어 하셨는데 그만 못 보여드렸다. 그때는 서울 오셔서 나의 친정인 아버지 댁에 계실 때였다. 지금까지도 불효한 것 같은 아쉬움이 있다. 그 보고 싶어 하시던 증손녀인 내 딸이 50세가 넘었다.

할머니가 돌아가신 날, 아버지와 작은아버지께서는 어머니의 일생을 생각하셔서인지 대성통곡하셨다. 아버지의 울음을 처음 보았다. 아버지 얼굴도 모르는 아버지, 유복자이신 작은 아버지가 온 동네가 진동하도록 우신 그 심정, 세상이 다 알 것 같다. 누가 모르리오!

그 후 내가 위 전체를 절제하는 큰 수술 후 나를 안고 더 통곡하셨다. 그 불쌍한 할머니 돌아가셨을 때보다 더 슬피 우시며 이렇게 외치셨다. "쓸개 없이는 산다 해도 밥통(위) 없이 어찌 살아갈까?" 외치며 땅이 꺼지도록 더 소리 내어 우셨다. 그때 나에겐 그 아버지와 어머니의 통곡 소리가 건강관리 잘 하여 부모님 앞에서는 세상 떠나는 일은 없어야겠다고 다짐하는 계기가 되었다.

지내 놓고 보니 철난 후에도 할머니께 위로하는 말씀 한마디도 못 드린 나였음이 밉다. 그저 할머니가 좋았고 방학 때면 할머니를 졸졸 따라다녔다. 그림자처럼. 참외밭이며 고추밭을 누볐다. 풋콩을 꺾어 마루에서 까던 생각, 노각생채 무침에 커다란 양푼 가득 푸짐하게 밥 비벼 먹던 일, 우리가 가면 보따리를 몇 개씩 싸서 안겨 주시던 일 등이 어제 같다. 오빠를 유난히 챙기셨던 우리 할머니.

무엇이든 크고 좋은 것은 오빠 몫이었다. 어쩌다 오빠 신발 한번 타 넘었다가는 혼쭐이 나곤 했었다. 늘 머리엔 수건을 쓰셨다. 내 생각에 수건만 안 쓰시면 할머니가 더 예쁠 것 같아서 할머니 수건을 벗기면 "머리에 바람이 술술 들어와서 쓴다." 하셔서 많이 웃곤 했다. 나도 나이 드니 머리에 찬바람이 들어오고, 작년 내 나이가 할머니 작고하신 나이가 되니 이상한 생각이 들었다. 허리에 뒷짐을 지시고 걸으시며, 길가에 핀 할미꽃을 유난히 좋아하시던 우리 할머니를 하늘나라에서 만나면 무슨 얘기부터 할까? 할 얘기가 너무나 많다.

2019. 8.

충청남도 단양

여긴 단양이다. 호텔 창문 커튼을 젖히면 보이는 곳. 충주댐의 망망대해 같은 끝없는 큰 호수가 내 눈엔 착각을 일으킬 정도로 바다 같은 느낌을 준다. 내 고향 평택 서해대교에서 보이는 영웅 바위가 한눈에 보이는 듯하다. 영웅 바위 근처에선 맛있기로 이름난 생굴도 많이 난다. 새우, 그리고 내가 좋아하는 꽃게가 잡히는 곳이기도 하다. 영웅 바위 편편한 곳을 골라 앉아 도시락 먹던 일도 추억 상자에서 고개를 든다. 길가 넓은 모래밭에 새우 널어놓은 멍석이 넓은 들을 방불케 할 정도였으니 새우의 많은 양도 가히 짐작이 간다. 시오리 정도 거리를 걸어 소풍도 가던 곳. 그곳은 '만호리'라 부르는 곳이다. 그곳에서 학교까지 걸어오는 친구들도 많았다.

호텔 창문으로 그 고향의 만호리 바다가 보이는 듯 반갑다.

걸어서도 갈 수 있을 정도의 잔잔한 수면 위로 발짝이 떼어지는 느낌이다. 수면 위로 내가 지금 걸어가는 느낌마저 들었다. 이 늙은 공주는 단양 바다를 바라보며 행복 속에 마냥 빠져들고 있다. 비록 몸은 늙었어도 마음은 어린 시절 파란 고향의 파도에 실려 그곳으로 향한다.

여수에서 내 고향 평택을 떠올린 2022년도 가을의 친구들과의 여행은 멋진 추억을 되살렸다. 밤이면 하늘에서 떨어지는 별들…. 우리의 가슴 속에 스며들며 아름다운 꿈속에 공주가 된다. 늙은 공주는 마냥 행복하기만 하다. 밤은 깊어가고….

2022. 11.

사랑하는 엄마

엄마! 오늘도 엄마를 씻겨 드리고 집으로 향하는 발걸음이 무겁습니다.

탄력 잃은 근육은 점점 겹쳐지고 칠 남매를 먹여 키우셨던 탱탱한 젖은 다 짜낸 풀자루 같았습니다.

온몸이 얼마나 근질대고 머리도 가려우실 텐데 목욕을 사양하시는 엄마. 이유는 단지 저희들 힘들까 봐, 하시는 말씀인 줄 압니다.

일주일에 한 번이 고작인데. 엄마! 저희들한테 베푸신 헤아릴 수 없는 사랑을 생각하면 이젠 제발 당당히 효도를 받으시면 안 돼요? 요즘엔 환갑이 넘은 나이를 실감할 정도로 힘에 부치는군요.

그래도 목욕하실 때가 되면 해 드려야 직성이 풀리니 이것도 엄마께 향한 사랑이겠지요. 오늘 쑤어 간 호박죽도 반 공기밖에 못 드신 엄마, 반찬을 해다 넣어 드려도 찾아 드시기조차 힘들어하시니 몹시도 마음이 쓰입니다.

자상하신 엄마보다 더 자상하신 아버지께서 챙기시기에 조금은 든든하긴 합니다.

그래도 한편 저의 미래를 미리 보는 것 같아 서글퍼지는 기분이에요. 잡수시는 게 부실해서 귀도 더 어두우신 듯해서 가슴이 찢어지도록 아픕니다. 어느덧 폭염은 멀리 사라지고 신선한 가을바람이 살랑이고 하늘은 높고 푸른데 밖에도 못 나오시니 얼마나 답답하시겠어요. 엄마! 창밖에 보이는 수락산의 화려한 단풍 잔치를 내다 보세요. 셋째 아들이 단풍 가까이 보시라고 망원경 사다 드렸잖아요.

엄마! 오늘따라 시골집 대청에 걸렸던 열아홉 청순하고 예쁜 갈래머리 딴 엄마의 사진이 떠오르네요.

층층시하 열두 가지 사업을 하시는 아버지께 시집오셔 그 많은 일을 다 해내시고 효성이 지극하셨던 엄마. 방방이 모기장을 치고 모기를 잡으시며 잠자리를 준비하셨던 일들, 어른들 식사 때면 더운 국으로 보충해 드리기 위해 부엌과 방을 바삐 드나드시던 모습, 이런 일들이 효심의 발로라고 생각해요. 안팎 머슴에게까지도 사랑으로 대하시던 인자하신 모습, 걸인들은 왜 그리 우리 집만 왔던지요? 하기야 다른 집에 가면 동냥은커녕 쪽박만 깨는 일이 많았었죠?

사랑하는 손녀 지원아!

“지원아! 힘들지? 오늘도 주님이 함께하시길 빈다. 파이팅 힘내라! 힘!”

아침 일찍 공부하러 가는 길에 보낸 할머니 문자에 이런 답문이 왔다. “할머니 사랑해요. 지금 독서실 가고 있어요. 추워지네요, 할머니 건강 조심하세요.” 엄지척, 엄지를 치켜세워 찍은 사진도 보내왔다. 시간의 의미를 알만큼 자란 지원이를 본다.

새벽 청계천 변을 걸으며 황새도 예쁜 꽃들 사진도 찍어서 보낸다. 할머니 할아버지 사진도 즉석에서 찍어 보내면 할아버지도 함께 가셨어요?라며 배로 좋아한다. 평소에 할아버지를 좋아하는 지원이다. 나도 기분이 좋다

재수생인 손녀 지원이랑 주고받는 문자다. 할머니 친구들은 일초가 새로운 재수생에게 공부 방해된다고 문자 보내지 말

란다고 했더니 "아니에요, 할머니 오히려 큰 힘이 되는걸요." 라고 해서 큰 감동을 받았다. 재수하는 손녀딸 지원이와 매일 아침 주고 받는 문자다. 저녁 11시엔 귀갓길을 알려오니 확인 후 잠자리에 든다. 아무리 피곤해도 이 일만은 지킨다. 어느 날은 딱한 마음에 잠을 설친다. 지난번에 합격한 학교도 못 들어가 부러워하는 친구들도 많았다. 그러나 많은 축하도 뿌리치고 어려운 재수의 길! 이해하기가 힘들어 많이 말렸다. 재수를 고집하는 지원이를 이기지는 못했다. 응원해 주기로 했다는 게 맞다. 우리가 졌다. 재수의 길이 고된 희생만은 아니길 비는 마음 간절하다.

고등학교 3년간 반장을 했으니 자존심이 얼마나 의기충천 했을까? 졸업식에선 자그마치 네 가지의 상을 받았다. 그 졸업식을 못 보았으니 얼마나 섭섭하던지…. 상장만 보았다. 대단한 손녀딸 지원이 아닌가?

중한 시험을 앞두고 하필 엄마의 암 확진을 알았으니 얼마나 충격을 받았을까! 제 생각에 점수가 만족치 못했나 보다. 지원이 마음도 어미의 마음도 막막하여 마련이 안 섰었는데, 어느덧 세월이 흘러 코로나의 삼엄한 경계 속에서도 다시 수능시험이 코앞에 닥쳤다.

이럴 때 모든 일이 하나님 은혜라 하는 생각이 뼈에 사무친다. 주여! 감사합니다. 가족의 믿음은 더욱 깊어지고 사랑은 아름답게 빛을 낸다.

투병 중인 어미가 아침저녁 차로 공부하러 오가는 지원이를 돕고 있다니 부모 사랑은 정말 끝이나 있는 것인지? 주일 예배도 꼭 지키고 초등부 영어 성경공부도 가르친다니 언니와 자매가 어린이 성경공부 교사인 셈이다. 얼마나 주님이 예뻐하실까? 사소한 집안 행사엔 빠졌다. 늘 서운한 마음이었는데 이번 8월 내 생일엔 예쁜 카드까지 준비하여 참여했다. 가족 분위기는 더욱 화기애애했다. 가족 모임에도 빠지던 지원이가 오니 얼마나 자리가 뿌듯하던지 별식이라도 먹일 기회가 소중하기만 했다. 이런 게 가족이구나란 생각이 들었다.

지원이는 출생 후 6개월 안에 큰 수술을 두 번이나 받았다. 하늘이 무너지는 듯한 주치의 말에 하늘이 노랗던 생각을 하면 대학이 무엇이 그리 중요한지? 지원이가 우리 곁에 건강하게 존재함만으로도 감사한 일 아닌가! 소중하기 그지없다. 출생 후 6개월 만에 옥스퍼드대학 박사 후 연구과정 떠난 아비 따라 영국에 갔다. 그곳에서도 응급실을 자주 간다는 얘기에 3년을 체류하는 동안 4차례나 지원이 보러 영국행 비행기에 올랐다. 교회 집사님 한 분이 아니 요번에도 그 시어머니가 또 오시는 거냐고? 묻더란다. 세월이 가며 서울에서 수술했던 병원 약도 먹으며 건강해졌다. 기적 같은 변화였다. 이런 기적 같은 일은 전적으로 주위에서 기도해 주신 분들의 덕분임에 감사 또 감사드린다.

그 후 아비가 미국에 하버드대학 부총장 초청으로 14개월 동안을 근무할 때 지원이 언니 혜원이는 초등학교 6학년 1년 과정을 수료했고 지원이는 4학년 과정을 마치고 귀국하여 명지대학교 부속 초등학교서 졸업을 했다. 미국 있을 때 이웃 몇 나라 여행도 했다. 영어권에서 공부하고 교회에서 영어를 접해서인지 영어 소설을 읽을 정도의 영어 해독을 한다. 중학교 때는 영어 웅변대회에서 당당히 입상했다.

중학생 때다. 햄스터를 키웠다. 공부방에서 키우는 게 못마땅했다. 어느 날 햄스터가 죽었는데 밥도 몇 끼를 거르고 울었다. 마음은 아팠지만 생명의 존중함을 깨달은 소중한 기회였으리라. 안아보면 눈높이 같이할 만큼 자란 손녀딸이 듬직하기만 하다.

어떤 날은 아들 집에 가니 마루 화분에 토마토가 주렁주렁 달려 있어 깜짝 놀랐다. 지원이가 씨를 사다가 심었는데 이렇게 실한 열매까지 결실을 보였다고 한다. 어딘가 다른 애들과 다른 특별한 데가 있다고 생각이 드는 지원이다. 어미가 흥분해서 설명을 하며 열매를 따는데 아까워서 두고 봤으면 하는 마음도 들었었다. 지원이는 마음도 깊은 데다 사랑도 넘친다. 원하는 대학에 진학하여 하고자 하는 길로 정진하기를 바라는 마음이다. 막 꽃핀 20대 지원아! 원하는 대학에 들어가 언니처럼 열과 성을 다하는 대학생 되기를 응원할게. 사랑한다. 윤지원 파이팅!

올해 가을

뜻하지 않게 갓 태어난 손녀 지원이의 수술로 온 집안이 어수선하고 무거운 분위기였다. 척추 끝에서 척추 액이 조금씩 새는 이상이 있다고 한다. 세상이 샛노랗게 보이는 듯 머릿속이 하얗다. 척추는 우리 몸의 기둥이 아닌가?

첫째 손녀 혜원이를 얻고 손자를 기대했었는데 또 손녀를 …. 하는 서운한 마음 가질 사이도 없이 청천벽력같은 수술 통보.

"어린 것이 수술을 해야 한다니?"

삼복더위에 2차에 걸친 수술로 온 가족이 병원 드나드는 생활이 계속되었다. 제일 딱한 것은 지원이가 수술로 금식하는 날이면 곁에서 손길만 스쳐도 입을 벌려 먹는 시늉을 하며 울고 또 우는 일이었다. 어미, 아비와 나는 눈물 콧물 뒤범벅에 가슴이 짓눌리며 지냈다.

발바닥에 불이 나도록 이리저리 뛰었던 일들이 정신없이

뇌리를 스친다. 짧은 소매 옷이 긴 소매 옷으로 바뀌었지만 가을이 오는 것도 몰랐다. 달력에 표시된 입추니 상강이니 하는 24절기가 언제 지났는지? 세상에 난 지 5개월밖에 안 된 어린 지원이의 건강만을 빌었다. 산후조리도 못하고 울며불며 병원을 오가던 어미도 딱했다.

어느 날 알맞게 핀 노란 국화 화분 두 개가 병원에서 지쳐 온 나를 반겼다. 어머! 가을이구나! "웬 국화야." 가을을 가까이서 느낄 수 있는 행운을 얻었다. 새 힘이 돋는 듯한 기분이었다. 단풍을 일컬어 나무가 봄에 싹터 죽음으로 가는 과정이라지만 난 국화향이 있어 좋고 색색으로 물든 잎은 색깔이 고와서 좋다. 아파트 창문 밖의 단풍이 이제야 눈에 들어왔다. 노랗게 물든 은행잎은 어느새 다 발라먹은 생선 가시처럼 앙상하다. 떨어진 은행잎은 노란 카펫처럼 길 위에 두툼하게 깔렸다.

"여자가 결혼해서 김장 서른 번만 하면 인생의 석양이다." 라더니 나는 몇 번째 맞는 가을인가?

"추워지는 날씨에 움츠러들지 말고 힘을 내자."

이 가을에 내 마음의 슬로건으로 삼고 싶다.

딸이 출·퇴근길 늘 지나는 꽃집에 진열해 놓은 꽃들이 그렇게 예쁘더란다. 아마 딸도 가을을 모처럼 느꼈나 보다. 꽃의 아름다운 색감과 알맞게 핀 정도로 집안 분위기를 확 바꿔준 딸의 배려가 고맙다. 말없이 늘 좋은 일만 실천하는 딸의 예쁜 마음이 갸륵했다. 미숙한 운전에 운전하며 달리다가 꽃집에 들른다는 것이 보통 성의가 아닐 텐데….

고등학교 국어교사이면서 교회에서 피아노를 반주하는 딸이다. 난 딸이 기도하는 모습을 놓칠세라 앞자리에 앉아서 지켜보곤 한다. 개척교회라 딸에게도 대표기도를 하는 기회가 자주 돌아왔다. 언제나 차분한 딸의 모습, 남을 배려하는 예쁜 마음은 여기저기서 눈에 띈다. 목사님 댁 아이들을 챙기는 일이며, 식후 설거지, 중·고등부 성경공부, 학교 공부까지 도와주는 일 등등 하나님이 보시기에 얼마나 예쁠까? 계란 한 판만큼의 나이가 차도록 늘 봉사와 공부만 해온 성실한 딸이다. 늘 아픈 엄마 걱정에 아침마다 "엄마 괜찮아?" 하며 부엌에 들어와 아침밥 짓는 내 등 뒤에서 조용히 허리를 감싸안을 때면 감사보다는 미안함이 앞선다. 중병이었던 엄마가 이렇게 회복한 것도 딸의 기도와 정성이라고 여긴다.

엄마 입원실에서 엄마 잠들라고 이불을 뒤집어쓴 채 손전등을 켜고 철야기도를 하던 딸이기에 딸을 향한 내 사랑이 남다를 수밖에 없다. 부모는 자식을 향해 무슨 일이건 할 수 있다 해도 부모한테 자식이 정성을 다함은 힘든 일인 것을 익히 안다.

자식을 얻었을 때의 기쁨이 부모에게는 더 바라지 않아도 될 만큼의 큰 기쁨이건대 이렇게 사랑을 받음이 행복하다. 외출을 해도 늘 챙기고 걱정하는 딸의 섬세함과 배려하는 마음은 꼭 오빠를 닮았다. 우리 아들딸은 천사표를 달고 다닌다. 어려운 대학원까지의 공부, 그보다 더 어려운 중·고등학교 교사 임용고시 이 모두를 해낸 장한 딸이다.

담임으로 맡은 반 아이들을 늘 기도로서 지도하며 무결석 반으로 이끄는 딸의 힘을 보면, 사랑하는 딸이 교사가 된 것은 천직이라는 생각이 늘 든다. 그래서 언제나 딸을 후원해주고 싶은 생각이다.

천문학자로서 세계적인 과학지 『사이언스』에 두 번씩이나 우수논문을 발표하여 세계를 놀라게 한 아들의 성공, 박사학위 받던 날 난 너무 많은 축하를 받고 기쁨에 울었다. 시어머님의 오랜 병환과 나의 수술 등으로 뒷바라지를 제대로 잘 못 해주어서였다.

지원이의 수술은 우리 가족을 더욱 굳건히 뭉치게 만들었고, 서로를 위한 사랑은 어느 때보다도 더 끈끈해졌다. 서로 기도하고 위로해주는 두터운 가족 사랑이 지원이를 건강하게 탄생시켰다.

하나님은 기쁨과 고통을 함께 주시는 공평한 분임을 이 가을에 국화꽃과 함께 마음에 새겨 본다.

지금 한창 익어가는 모과의 상큼한 향처럼 지원이의 건강을, 그리고 마음 풍성한 올해 가을이 되었으면 한다.

2002. 11.

생기발랄한 오성이

오성이는 초등학교 4학년생. 단 하나뿐인 내 외손녀다. 어릴 때 왜 그리 잠이 없었는지? 아이 엄마는 산후조리도 못하고 식구들도 힘들었었다. 딸이 고생하니 친정엄마 마음도 심히 안쓰러웠다. 딸은 체중도 많이 줄고 육아 휴직도 연장했었다. 지금도 그때 얘기만 나오면 딸은 "고생은 무슨 고생, 그냥 좀 힘들었을 뿐"이라고 고생이란 단어조차 쓰지 않는다. 자식으로 인한 고생은 고생도 아닌 게 바로 엄마 마음인가보다. 모든 일에 긍정적인 딸에게 나는 늘 배울 점 많은 부끄러운 엄마다.

오성이는 유치원 때부터 관찰력이 뛰어났다. 지나가는 말도 주변의 풍경도 예사로 듣고 보지 않았다. 초등학교 3학년 때부터 동시도 곧잘 지어서 천재라 부르기도 했다. 샘도 많아 공부도 열심히 하고 피아노도 좋아한다. 무슨 일을 만나든지

대강하는 일이 없다. 모든 일에 정성을 쏟는다. 생일 카드 하나에도 정성을 다한다. 축하 글도 감동을 함께 주는 아이이다.

엄마가 초등학교 때 피아노 콩쿠르에서 상을 여러 번 받았다. 교회에서 피아노 반주도 했다. 학원 선생님이 피아노 전공을 추천도 했었다. 오성이 아빠도 피아노를 잘 친다. 오성이가 엄마 아빠 유전자를 타고 났나? 하는 생각도 든다.

며칠에 한 번씩 외할머니 할아버지인 우리와 영상 통화로 그날 있었던 일을 나누고 안부도 묻는다. 뜬금없이 손연재 선수의 리듬 체조도 흉내 내어 한바탕 웃는다. 또 쏠쏠한 재미는 제 옷을 꺼내 이것저것 입어 보고 패션쇼도 보여준다. 담임 선생님께서 오성이는 패션 감각이 뛰어나다고 칭찬도 하셨단다. 학원에서의 영어 강의를 선생님 하신 대로 재연하기도 한다. 오성이가 학원에서 좋아하는 과목은 영어란다. 명랑쾌활한 성격을 드러내니 우리도 덩달아 신이 난다. 오성이 때문에 한바탕 웃고 나면 기분이 좋아 잠도 잘 온다.

가까이 사시는 친할머니 할아버지의 사랑을 오빠와 함께 듬뿍 받고 자란다. 이를 떠올리면 마음 한구석에 등불이 켜지는 것 같다. 어릴 때부터 장난감은 물론 옷이며 머리핀 등을 사 주시느라 백화점에도 자주 데리고 다녔다. 좋은 곳에 데리고 다니시며 구경도 많이 시켜주셨다. 사물을 보는 눈을 키워주심도 성장에 좋은 영향을 주신 듯하여 사돈들께 늘 감사드린다.

요일을 정해 놓고 과일도 골고루 챙겨 주시고, 사랑 듬뿍 받는 오성이는 늘 싱글벙글 웃음이 얼굴 가득이다. 코로나로 학교 안 가는 날은 친할머니께서 점심상을 차려 주신다니, 세심하게 신경 써 주시는 사돈 어르신들 덕에 가고 싶은 학교 못 가는 위로를 충분히 받는 듯하다.

오성이는 밥도 할 줄 안단다. 도우미 아주머니가 못 온 어떤 날, 엄마가 퇴근해 오니 전기밥솥에 밥을 지어 할아버지랑 저녁상을 차렸더란다. 깜짝 놀랄 일 아닌가? 옛날 아들 많은 집에 딸 하나를 양념 딸이라 불렀던 일을 떠올렸다. 오성인 그야말로 단 남매뿐이지만 알짜배기 양념 딸인 셈이다. 우리 딸의 하나뿐인 고명딸이다.

나이답지 않게 세심한 양념 딸 덕분에 엄마가 웃을 일이 많다. 우리 딸도 자랄 때 오빠도 챙기고 어른스럽더니 모전여전인가 보다.

이렇게 사랑받고 사는데도 무료한 시간이 있었던지 강아지 입양 소식이 들려왔다. 전업주부도 아닌 딸이 힘들 거라는 생각에 말렸었는데…. '자식 이기는 장사는 없다'란 말이 어쩜 이렇게 꼭 맞는지? 이제는 강아지도 한 식구가 되었다. 여행 가려면 강아지부터 호텔에 맡기고 얼마나 신경을 쓰는지? 이번 여행엔 식구들 떠나기 전 눈치채고 적응 못할 것 같은 기미를 보였단다. 여행 중에도 강아지 때문에 신경이 쓰인 모양이다. 그래서 귀가 후 사돈 어르신들까지 모시고, 여섯 식구가 함께 가서 귀빈 영접하듯 찾아왔단다. 사돈 어르신들까지 가셨다니 그 강아지 웬 호강이냐? 했다.

2박 3일 만이다. 강아지 녀석! 반가워하기는커녕 집에 와서 짖지도 먹지도 않고 시위를 벌이더란다. 얼씨구 잘한다…. 우리가 보기엔 큰 상전 한 분(?)을 모시는 턱이네 하며 웃었다. 여섯 식구 총출동 뉴스 중 빅뉴스 아닌가?

외할머니는 "개와 고양이 중 어떤 게 더 좋으세요?"란 질문의 뜻을 알게 되었다. 그때 강아지 입양을 정한 상태였다. 핑계는 역시 코로나 때문에 일어난 일들이다. 코로나는 일어나지 않았을 일들도 만든 원흉임에 틀림없다.

코로나로 인한 변화는 오성이네 집에도 오고야 말았다. 수호란 이름의 강아지 때문이다. 이래도 저래도 생기발랄한 오성이는 식구 중 강아지를 제일 좋아한다. 그리고 정성껏 돌본다. 강아지도 식구 중 오성이를 제일 좋아한다.

2021. 11

선생님 저를 살려 주세요

"선생님! 저를 살려 주세요. 제발! 아직 공부해야할 아들딸이 있어요."

의사선생님의 가운을 잡고 애원했다.

18년 전 위암 진단 후 항암제를 맞아야 한다고 종양내과 선생님을 만나는 자리에서다.

"초등학생 자녀가 있을 연세는 아닌데 혹시 우울증 아니세요?"

주치의의 퉁명스런 대답이 날아왔다. 잔뜩 긴장하고 주치의 얼굴만 쳐다보던 우리 가족들은 어리둥절했다. 가슴에 비수가 꽂힌 듯한 내 마음 누가 짐작이나 했을까? 보호자는 한 명만 들어오라는데 우리는 보호자도 여럿이 들어갔다. 이것도 주치의 심사를 거슬렸으리란 생각도 했다.

그 후 네 번의 항암 주사. 신문 활자에서 항자만 보아도 머리카락이 섰다. 그때의 구토와 이상한 입맛, 수십 년 정체된 개천 흙을 입에 넣으면 이 맛일까? 몸이 바짝 바짝 마르는 듯한 기분이었다. 주사 후 1시간 후면 어김없이 찾아오는 몸부림 칠 정도의 괴로움, 진통제도 진토제(구토방지제)도 소용이 없었다.

4주마다 맞는 주사는 백혈구 부족이 나타나서 지연 되고 몇 개월씩 걸렸다.

좋다는 것은 일본까지도 가서 구해 온 남편. 백혈구 수치 높이는 일까지도 도와준 셈이다. 머리카락은 우수수 온몸에 털이란 털은 모두 빠질 정도의 독한 약. 위암 치료 항암제가 더 심한 탈모를 일으킨다는 것이다.

여자에게 머리란 얼마나 중요한가. 나는 잘 때도 모자를 썼다. 새벽 혈압, 체온, 맥박 체크 들어오는 간호사들에게도 보이기 싫어서였다.

대학원 다니던 딸은 엄마가 잠 못 잘까봐 이불을 뒤집어쓰고 손전등을 켜고 공부를 했다. 몸부림치며 울던 아들의 뜨거운 눈물은 내 뺨에 흘러내려 암세포를 죽이는 것 같은 생각까지 들었다. 이런 감정이 모자 모녀간의 철륜이라는 생각이 든다. 며느리 감도 자주 들려 나를 기쁘게 했다.

언니와 올케들이 이런 저런 죽을 쑤어 날랐다. 물도 삼킬 수없는 상황이었다. 혀에는 물집이 밥풀같이 앞뒤로 붙어 있었다. 병문안 오면서 모자를 사다 주는 친구들도 있었다. 가

발도 샀다. 그때 주사실 앞에서 모자 쓴 사람들은 항암제 맞는 사람들이구나라는 생각이 들 정도로 모두 모자를 쓰고 있었다.

체중은 매일 1킬로그램씩 빠졌다. 항암주사 네 번 마친 후는 17킬로그램이 줄었다.

흉한 내 몰골과 최악의 무기력 상태로 인하여, 극단적인 생각을 하루에도 몇 번씩 했을 정도였다. 이때 호주 시드니에 이민 간 동생이 왔다. 가족들이 이모와 한 달만이라도 같이 있다오라고 했단다. 다시 일어설 용기를 주었다.

모시고 살던 시어머님께선 몇 년째 병원에 입원하신 상황이었다. 집안은 편치 않았다. 나는 늘 속이 쓰리고 아팠다. 동네 내과에서는 신경성 위염이라 했다. 약을 먹으며 죽을 먹었다. 조금 좋아지다가 다시 쓰린 증상이 반복되곤 했다.

나중엔 위암일 것이라는 진단을 자신이 미리 내리고 겁이나 병원도 못 가고 지냈다. 거의 실신상태로 응급실에 가게 되었다. 병명을 못 찾았다. 일주일 간 매일 위내시경을 했다. 금식할 때 속 쓰림 증상은 극에 달했다. 우리 교회 목사님이 아침저녁으로 오셔 기도해 주시고 내시경실까지 휠체어로 밀어주셨다. 속 쓰림을 참지 못해 목사님 팔을 잡아당기고 쥐어뜯기까지 했다.

지나고 보니 위장병의 증상 중 제일 나쁜 것이 속 쓰림임을 그때 알았다. 미국 병원에 가서 수술 받자는 남편의 제의

가 있었다. 시어머님도 병원에 계셨고 친정 부모님께선 아픈 딸을 멀리 보내고 얼마나 걱정을 하실까 생각되어 의논 끝에 국내병원서 수술 받기로 했다.

항암치료가 끝나고 위내시경 검사 결과는 좋다고 했다. 잔치 분위기였다.

오백 원짜리 동전만한 암세포 크기를 줄여서 수술한다 해서 안 하게 되던지 일부만 떼 내는 수술이라 생각했다.

· 1997년 9월 23일 드디어 수술 날

수술은 8시간이나 걸렸다. 부모님 형제자매 온 교인들이 모여 기도 했단다.

남편은 팔짱을 끼고 앉은 채 자리에서 꼼짝도 할 수 없었다고 그때 상황을 얘기했다. 겨우 마취에서 깨어날 때다. 수술을 담당했던 선생님 회진이다.

아연 실색! 정신을 잃을 뻔했다. 위 전체를 절제했음을 의사와의 대화에서 알았다. 좋아졌다기에 그렇게 대수술이라곤 여기지 않았다. 명치서 배꼽 아래까지 두껍게 싸맨 부위가 터질 것처럼 분노가 폭발할 듯했다.

쓸개 없는 놈이란 말은 많이 들었어도 밥통이 없으면 어떻게 되는 것일까? 살아갈 일이 캄캄했다. 애들은 어쩌나! 머리엔 온통 그 생각뿐이었다.

떼어낸 위를 잘게 잘라 검사한다 했다. 수술이 추석 무렵이었다. 언니는 떡보가 떡을 못 먹게 될까 염려 되셨던지 송편을 미리 해 오셨다. 송편 한 대접을 단숨에 먹었다. 소화도 잘 시켰다.

검사결과를 놓고 항암치료 여부를 정하는 날이다. 다른 날보다 일찍 오빠가 부모님을 모시고 왔다. 매일 아침만 해 드시고는 곁에 계시다 가시던 부모님. 그날은 까치가 떼로 몰려와 오빠 차 주위를 맴돌며 짖어서 좋은 소식 들을 것 같은 예감이라 하셨다. 결과는 엄마의 예감이 맞았다. 항암제는 안 맞아도 된다고 했다. 다행이란 생각과 오진 아닐까? 라는 생각이 교차 했다. 바로 다음날 남편은 구리시 소재, 천마밭에 무공해 농사로 치료를 돕겠다며 천마밭 한쪽에 채소 심기를 시작했다. 주말에만 갈 수 있으니 가면 일이 아주 많다고 했다. 혼자 하면서도 여러 가지를 재배해 주일날이면 많이 가져와 나누어 먹었다. 채소 심기를 여러 해 계속했다. 얼마나 힘들었을까? 아들딸이 같이 갔으면 좋은데 교회 가느라 함께하지 못함을 좀 서운히 생각했다. 남편은 교회 나가기 전이었기에. 채소 농사를 시작한지 얼마 후부터 그 지역의 땅 값이 많이 올랐다. 주위에선 마음을 잘 쓰니 복이 왔다고 자기 일처럼 좋아들 했다. 나도 "하나님이 복을 주셨나?"라고 생각했다.

· 18년째 주치의로 나의 건강을 돌봐주심

나를 우울증 환자로 몰던 주치의는 지금 18년째 내 병을 관리해 주시는 고마운 분이시다. 10년 전이었다. 아들의 연구가 쾌거를 올린 기사가 실린 일간지를 보여 드렸다. “우주 나이를 밝힌 그 젊은 과학자가 아드님이세요?” 정말 놀라시면서 저희들도 못 이룬 꿈 이라고 칭찬 해주셨다. 그 후로 나를 다시 보시고 항상 아들의 근황을 물어보시며 격려해주신다.

오늘도 3개월 만에 검사 후 결과 보는 날이다. 좋다며 용기를 주신다.

지팡이 짚은 게 안쓰러우셨던지 문을 열어주었다. 외국 학회 참석 후 아침에 귀국하여 바로 병원으로 와서 진료중이라니 얼마나 피곤하실까? 인삼 마 주스 한 잔을 드리고 돌아서니 조금 마음이 편해진다. 찡그리고 아픈 하소연만 하는 환자들을 대하니 말이다.

언젠가는 신문에서 의학상 타신 기사를 보고 축하해 드렸다. 아드님 상에 비하면 대수롭지 않은 상이라며 겸손해하셨다. 오래도록 나의 건강을 맡고 계신 선생님과의 인연은 언제까지일까.

위를 조금이라도 남긴 사람과 나 같이 완전 절제한 사람은 엄청난 차이가 있음을 살면서 느낀다. 토함과 급한 설사 등 남모르는 고통 중에 있으니 자신이 딱하다가도 이만함도 하나님 주신 복이라 여기며 살아간다. 수술할 때 아들딸에게 엄마가 어찌 될지 너희들 끼리 살아갈 마음의 각오를 하라고 했다. 바로 그 말을 받아 울면서 하는 말엔 많이 미안한 맘이었다.

엄마는 환갑이 지나도록 부모님 사랑 받으며 누리고 살면서 우리 보고 그런 당부가 가당키나 하냐는 뜻이었다.

먹는 게 부실하다 보니 그 여파로 여기저기 삐걱 대는 몸의 소리를 듣는다. 허리 무릎 등 여기저기 아프니 세계보건기구가 정의한 질병이나 단지 허약상태뿐만 아니라 육체적 정신적 사회적 안녕 상태라는 건강의 의미와는 거리가 멀다.

연로하신 은사님께서 대전에서 병문안 오신일, 맞벌이하면서 주사 맞는 날이면 친구를 보내준 친구 남편도 고맙다. 시누이들 칠형제가 모아준 격려금, 매일 개근하셨던 부모님과 오빠의 위로, 예비 며느리였던 지금 며느리의 잦은 방문도 잊지 못한다. 난 이를 악물고 버티었다. 주위에서 기도해주신 분들 때문에라도 이겨야 한다고. 이기고 버틸 힘을 주시라고 기도한다.

선생님 제발 살려 주시라고 주치의 가운 잡고 애원하던 나는 살고 있다. 올 해도 찾아온 새봄의 기운을 호흡하며 하나님의 손길과 현대의학의 힘에 감사하면서.

(2015. 봄)

2

시詩

감자꽃

흰 감자는 흰색 꽃
자주색 감자는 자주색 꽃
초록이 짙어가는 6월경
무성한 잎과 함께 꽃잎을 연다

감자를 먹는 것보다
감자꽃을 보기 위해 감자를 심는다는
귀농한 친구의 마음이 내 맘 같다

감자 캐는 밭에 서서
폭신폭신 찐 감자를 상상해 본다
둥그런 감자전도 군침이 돈다

지금도 가끔,
자주색 고운 감자꽃이 생각난다
바로 이 색이야

털 폭신한 자주색 스웨터를 사던 날도
감자꽃을 떠올렸다

소녀시절 자칭 문학소녀였던 나
그 꿈을 보랏빛 감자 꽃잎에 새겨본다
한 잎 한 잎 보랏빛 오늘을 걸어간다

『문예사조』 2021. 4월호

개똥참외

지난여름, 윗대 조상님들 부모님
오빠가 누워 계신 친정 선산에 내려갔다
분꽃이 꽃잎을 닫을 때쯤
능선 저 너머로 약속처럼
저녁노을 붉게 타오르곤 하던 넓은 동산

오빠 산소 봉분에 난데없이
수박 넝쿨 제집인 양 자리를 틀었다
작은 수박 열매도 맺혔다
새가 수박씨를 물고가다 떨어뜨렸을 거라는
동네 오빠의 말에 다 같이 웃음으로 끄덕였다

어린 날 원두막에서 참외를 먹고
급하면 옆 콩밭에서 볼일을 보았다
볼일 본 밭고랑에 참외 씨가 싹을 틔워
개똥참외의 한철이 저 홀로 익어갔다

이득 없는 일을 맡아 손해를 볼 때
개똥참외 맡듯 했다고 혀를 찬다
아무도 돌아보지 않는 개똥참외의 여름이
봉분 위 푸른 수박 넝쿨로 영글었다

『문예사조』 2021. 4월호

금혼식

올해는 결혼한 지 50년
우리 부부의 금혼식이다
큰 어려움 없이 걸어왔던
지난날에 대한 고마움 때문일까
해마다 보는 단풍인데도 올해 단풍은
유난히 고와 보인다

오월 눈부신 연두의 한때도 있었다
한여름 별빛 바닷가의 추억도 있었다
허송세월 보낸 듯한 후회도 있었다

'우물쭈물하다가 내 이럴 줄 알았어'
버나드 쇼의 묘비명이 불쑥 날아와 꽂힌다

『문예사조』 2021. 4월호

냉잇국

한겨울에
웬 냉이?

동네 마트
부산한 발길들 사이로
향기로운 봄 향기가 물들었다

냉잇국 생각에
새 기운이 솟는다

쌀뜨물에 된장을 풀고
냉이 달래를 듬뿍
구수한 고향집 냉잇국이 차려졌다

마주앉은 식탁에
미리 온 봄빛이 환하게
꽃망울을 터뜨렸다

『펜문학』 2021. 1·2월호

대추 따는 날

긴 장대로 대추나무를 턴다
대추가 우르르 쏟아진다
빨갛게 잘 익은 탱탱한 대추들
입안 가득 군침이 고인다

우박 쏟아지듯 요란한 소리
손자 손녀들의 머리에 꿀밤을 놓는다
여기저기 즐거운 비명
장대 잡은 할아버지의 손에도
불끈 힘이 솟는다

사위는 대추술을 담갔다가
장모님 팔순 때 내놓는다며
대추 자루를 옆구리에 껴안는다
사위의 장모 사랑이 빛나는 날
오늘도 한 아름 감동을 선물받는다

대추 따는 날
매해 열리는 따뜻하고
아름다운 가족 이벤트다

『문학공원』 2021. 6집

묵은 김치

커다란 김치통 속에서
김치 한 포기 꺼내든다
아직도 싱싱하게 살아 있는 배추의 속살
김치 써는 소리도 청량하다

국화꽃 질 때쯤 담가
아카시아꽃 필 때까지 먹던 김장김치
옛 우리집 김장하는 날은
안마당이 잔칫날 같았다
이웃이 함께 모여 정을 버무리고
포기포기 웃음을 나누었다

김치냉장고가 없던 시절
항아리에 꼭꼭 담아 땅속에 묻어두면
동지섣달 찬바람에도 겨울 밥상이 넉넉했다

지금은 몇 년째 받아먹는 김장김치
이름하여 언니표 김장김치다
아직도 옛 맛이 살아 있는
묵은 김치에 언니의 사랑이 무르익었다

빈자리 1

자식들이 여행이라도 떠나면
부모님께서 늘 하시던 말씀
서울이 텅 빈 것 같구나

우리도 부모님이 집을 비우시면
서울이 빈 듯 마음을 못 잡는다
부모님 여행 떠나시는 날엔
칠 남매가 터미널에 모여 배웅했다
돌아서는 발길이 허전해
서성거리다 찻집으로 들어간다

왁자지껄 부모님 얘기에 열을 올려도
빈자리는 채워지지 않는다
오시는 날을 고대하며
전화를 걸고 안부를 묻고
먼 목소리에 마음 다스리곤 했다

이제 부모님은 이 땅이 아닌
하늘나라로 영영 여행을 떠나셨다
천지가 빈 듯 채울 수 없는 공허함
마음까지 텅 비어 공중을 떠돈다

빈자리 2

20년 전에 해 넣었던
여덟 개의 금니
차례로 뽑아야 한다
그중 한 개를 뽑은 날
빈자리가 공터처럼 넓다

함께했던 소중한 누군가
내 곁을 떠난 듯 허전하다
나무뿌리를 뽑아내듯
힘들고 고통스러운 발치(拔齒)는
이별의 아픔이리라

살면서 늘 아쉬운 부모님, 오빠의 빈자리
이를 뺀 자리가 이렇게 허전할 줄이야

내가 이 세상을 떠나는 날
내 빈자리도 허전한 동그라미로 남겠지
찬물처럼 잠이 저만큼 달아난다

봉숭아

울 밑에 핀 선혈 같은 봉숭아
어둡고 괴로웠던 세월에
망국의 한을 노래했던 봉숭아
그 새빨간 꽃잎에
그리운 어머니가 새겨져 있다

여름밤 어스름 달빛에
봉숭아 꽃잎을 따 놓으시고
엄마는 우리 자매를 불러내었다
서로 찧어보겠다고 아옹다옹했던 시간

양손의 약지, 새끼손톱에
곱게 찧은 봉숭아 꽃잎 얹어놓고
흰 실로 동여주시며
잠 곱게 자야 물이 곱게 든다
그 맑은 음성
올해도 뜰 앞에 송이송이 피었다

『문예사조』 2000. 10월호 등단작

첫 만남의 설렘 같은

아침 산책길
아직 으스스한 옷깃 사이로
하얀 꽃잎이 날아든다

무얼까
첫 만남의 설렘 같은
이 향기는

달빛과 잘 어울리는 꽃
매화, 매화의 매력에 빠졌을
옛 시인들은 무슨 생각에 젖었을까

하얀 꽃잎
설레는 향기
사진 속에 담아
아들딸에게 보내고 돌아서니

매화는
저 홀로 명상에 들어
시심(詩心) 맑은 봄빛을 난다

『문예사조』 2019. 7월호

응급실 풍경

새벽 5시
어둠을 뚫고 응급실 도착
온갖 검사에 피가 거꾸로 흐르는 듯하다
결과까지 장장 10시간

병이 깊어 포기상태의 환자도
응급실 자리 부족으로
간이침대에 쪼그리고 누워있다
'코로나'의 확산 때문인가
작은 신음 소리에도 신경이 곤두선다

요즘 같은 세상엔
하루가 짐짓 길기만 하다
고통 없는 신명 나는 세상을
꿈꾸는 나는 바보인가?

뉘엿뉘엿 석양 무렵

응급실을 빠져나왔다
시원한 공기가 막힌 하늘을
확 뚫어준다

옥잠화

기나긴 봄 여름
연두 치마 두르고 살더니
삼복 지나고서야
우뚝 솟은 꽃대궁들

단 하루의 황홀한 향
선녀에게 바치려고 순백의
옥비녀를 줄지어 빚었는가

잃어버린 선녀의 옥비녀는
승천의 꿈을 접은 채
지상의 옥잠화로 피어 오늘도
하늘의 향기를 거닐고 있다

『문예사조』 2000. 10월호 등단작

책 읽는 엄마

고전 소설 읽는 엄마의 목소리
안방 가득 모인 친척 아주머니 할머니들
수런수런 꽃들의 이야기 소리 같은
부드러운 책 읽는 소리에 귀 기울인다

엄마 목소리는 향기로운 자장가
나는 엄마 무릎 베고 스르르 잠이 든다

깊어가는 밤
할머니가 만든 식혜와 한과는
따뜻한 밤참 대접이다
한과 씹는 소리에 깨어났다가
다시 잠든다

자라서 들었다
엄마가 읽어주셨던 책들은
심청전, 금오신화, 사씨남정기, 숙영낭자전이었다

『성동문학』 2019. 19호

잔인한 달, 5월

해마다 5월이면 지병처럼
잠들어 있던 마음의 병 되살아난다
막막한 슬픔 찬물처럼 차오른다

누군가 4월은 잔인한 달이라고 했지만
내게는 5월이 잔인한 달이다

눈부신 연둣빛 5월에
엄마는 우리 곁을 떠나셨다
계절의 여왕 반짝이는 햇살을 딛고
영영 못 오실 영원의 길로 오르셨다

올해도 어김없이 5월은 충만한데
꽃을 받아든 어버이날에
꽃을 드릴 어버이가 아니 계신다

부활절

사흘의 암흑을 깨고
충만한 사랑과
거룩의 옷을 입고
다시 오신 주님

하루하루
믿음의 열매 실하게 맺는 삶이
흐르는 감사의 선물입니다

오! 참빛 주님이시여
찬송과 영광을 올려드리며
믿음 소망 사랑의 기쁨으로
부활의 역사를 나누게 하소서

『영암』 2023. 137호

밤은 소녀에게

밤은 소녀의 벗
발그레한 볼에 사색의 등불이 깃든다

얼기설기 천년을 못 풀 꿈속에서
소녀는 부푼 가슴을 설레며
창문에 입을 맞추고

화사하게 반짝이는 별들의 노래에
소녀는 다소곳이 두 손을 모아쥔다

언제까지나 깊이 간직하고 싶은
이 알뜰한 숨결 이로지는 창이
늘 내 곁에 있어 달라고…

밤…

밤은 소녀의 눈동자
오늘도 고요한 푸른 꿈속으로
밤은 소녀를 부른다

태풍

야! 이 '매미'란 놈아
이렇게도 높고 맑고 파란 하늘을
조금만 닮았어도
넌 그런 심술을 부렸을까?
매미야! 넌 참혹한 현장의 마귀였다.
아느냐? 들리느냐?
착한 이들의 실의를,
복구의 아우성을 정겨운 자연의 소리로 반기던
"맴맴맴" 매미 소리조차도
싫어진 것을.

야! 이 '매미'란 놈아.
이렇게도 높고 맑고 파란 하늘이
네 뒤에 펼쳐질 줄 몰랐더냐?
실의에 찬 수많은 사람
높고 맑고 파란 하늘이 있기에

희망의 날개를 달아

높이 높이 띄워 본다

〈제11회 성북구 여성백일장 시부문 준장원〉『성북문학』 2004 창간호

시월

나룻배에 오르면 마음은 내 고향
박이 여무는 지붕 아래엔
손가락을 입에 문 내가 웃는다

꼬꼬댁 수탉이 맨드라미 앞에 수줍은
석류알은 진정…
아! 가을

풍성한 들판 앞에 서면
오히려 내 마음은 허전해 오는

독서의 계절
사색의 오솔길에
낙엽이 군다

내가 믿는 하나님

내가 믿는 하나님은 용서의 달인
알게 모르게 지은 죄 다 용서하시고
슬플 때나 기쁠 때나 사랑으로 손잡아 주시네

내가 믿는 하나님의 사랑은
신묘막측(神妙莫測) 세상 지으신 손길
십자가에 못 박히신 그 고통
세상 온갖 죄를 홀로 짊어지셨네

찬양받아 마땅하신 하나님
온 마음 바쳐 사랑하고파
온 마음 바쳐 기도하고파

내 이름

처음 내 이름을 접한 사람들은
내가 남자인 줄 안다
술 회사에서 새 상품 출시 때 샘플도 보내온다
모임에서도 남자회원과 같은 방을 배정해서
한바탕 웃음바다가 된 적도 있다

할아버지는 비단 조끼주머니에서 학이
힘차게 하늘로 날아가는 꿈을 꾸시고는
학(鶴)자를 넣어 내 이름을 지으셨다
무슨 의미였을까 학이 하늘로 높이
날았으니 출세라도 한다는 뜻일까?

오늘도 어제같이 보잘것없는 나를 본다
선배 수필가는 내 이름 한자 획을 세더니
이름이 어렵다, 이름이
무거우면 몸이 아프다고 한다

개명을 한 적도 있었다
수저에 이름을 쓰고 베개와 소지품에
새 이름을 새겼지만 내가 나 같지 않았다
어색함이 물 위의 기름처럼 떠다녔다
내 이름은 역시 할아버지가 주신 이름뿐이다
몸에 꼭 맞는 옷을 입은 듯
오늘도 가뿐하게 내 이름을 걸어간다
이것이 하늘을 나는 학의 걸음 아니겠는가

혜원이

마루 끝에 예쁜 빨간 신발 한 켤레
혜원이가 돌 때 이모한테 받은 선물이다
한 달간은 거의 장난감처럼 가지고 놀았다
14개월인 요즘 발과 신을 가리키며 신으려 한다
신을 신고 발을 내려다보며 걷는 모습은
불안하면서도 예뻐서 충분한 웃음을 자아낸다
일 년 전 세상에 나면서 큰 기쁨을 주더니
어느덧 세상으로의 첫발을 떼는 순간이구나
걸음마다 복이 임하기를 바라는 마음이 모두의 마음이다
내 이마며 콧등은 쥐어뜯고 할퀴고 성한 날이 없다
네가 귀를 물어뜯은들 미울까?
너만 보고 있으면 굶어도 배부른 것을
너에게 푹 빠져서다. 재롱도 먹는 모습도 예쁘구나
눈에 넣어도 안 아픈 뜻을 너로 해서 알게 되었다
작은 신발이 계속 커가듯 너도 쑥쑥 크거라
네가 사는 세상엔 사랑을 베풀 사람들이 많단다

제법 허리 굽혀 정중한 인사도 흉내 낸다
겸손도 배우고 큰사람, 꼭 필요한 사람이 되기를 기도한다

2008. 6. 11

가을 산책

방금 능선을 넘어간 해그림자를
밟으며 응봉산에 오른다
가을꽃 향기로 가슴 설레던 사람들
바삐 돌아가고 인적 없는 산길에
노을빛만 빈 정자(亭子)를 품고 있다

엄마의 손길일까
억새 일렁이는 바람이
지친 머리를 스쳐가자,
한층 한층 엉켰던 생각들
실타래처럼 풀려 나간다

맑게 씻긴 마음이
한강의 물새처럼 날아오른다
고향의 들판인 듯
계곡 저 아래 출렁이는 황금 물결
천천히 어스름 산길을 걸어온다

애기똥풀꽃

성동구 응봉산 오르는 길가
노란색 애기똥풀꽃 지천이다
개복숭아꽃 반지꽃 할미꽃도
서로 얼굴 내밀며 웃고 있다

꽃줄기를 꺾으면
노란색 물이 번지는 애기똥풀
아기 기저귀에 묻어난
노란 꽃물 같아 정겹다

응봉산에 와서 처음 만난 애기똥풀꽃
노란 꽃잎 속에 어릴 적
아이들 웃음소리, 울음소리 피어난다
먼 기억 속의 행복했던 시간들
송이송이 노랗게 물결친다

북소리

가끔 양손으로 배를 두드려본다
북소리처럼 크고 맑은 소리가 난다
잘 익은 수박 두드리는 소리 같기도 하다
위가 없는 빈자리가 내는 슬픈 소리다

위 절제를 하고도 25년을 버텨온 세월
백 년을 살아온 것 같은 고통의 세월이었다
지난 시간을 돌아보면 나 자신에게
표창장이라도 주고 싶은 심정이다

쓸개 없이 산다는 말은 들었어도
밥통 없이 산다는 말은 못 들었다며
통곡하시던 부모님
그 통곡 가슴에 새기며
부모님 앞서 죽진 않으리라
이 악물며 살아왔다

이제 북소리는 기쁜 노랫소리가 되었다
든든한 가족의 헌신적인 사랑
주위의 기도가 나를 일으켜 세웠다
고통을 웃음으로 바꾼 나에게
북 치며 외치고 싶다
나도 나를 사랑한다고!

추억의 할미꽃

이슬비 내리는 새벽
아파트 뜰에 함초롬히 핀
할미꽃을 만났다

할머니와의 추억을 안다는 듯
봄소식을 전하러 온 할미꽃이 반갑다
어려선 할머니의 무덤에서만 피는 줄 알았다
산에서만 사는 줄 알았다

허리 굽은 할미꽃이 뭐가 예뻐?
할머니가 좋으니 할미꽃도 좋지

꽃자루를 떼고 꽃잎을 뒤집어
화려하고 예쁜 족두리를 만들었던 추억
노란 꽃술에 할머니 얼굴이 피어난다
따뜻했던 그 손길 되살아난다

난꽃의 탄생

쓰레기통에서 건져낸 가냘픈 줄기
성긴 뿌리에 연약한 잎 하나가 달렸다
버려진 게 안타까워 내 눈에 심었다

창가에 두고 일광욕을 시키고
가끔 창을 열어 바람도 건네주었다
창밖은 아직 얼음 냉기가 도는데
봄소식을 안고 온 듯
여린 꽃망울 반짝 눈을 떴다

매일 한 잎씩 늘어가는 꽃송이
꽃송이의 숨결이 심장을 스쳐간다
경사가 난 듯 온 집안에 봄빛이 설렌다

작은 일에 기쁨 차오르는 노년의 하루
난꽃의 탄생 사진 속에 고이 담아
사랑하는 이들과도 함께 나눈다

다림질

속옷까지 반듯하게 다림질했다
나의 자존심이라 여겼다
유별나다는 소리도 들었다

지금은 많이 줄였다
반듯함을 포기한 듯 변한 나
기실 노쇠함에서 오는
체력의 한계 때문이다

주름 없는 단정한 복장은
긴장감도 살리고
자신감도 살린다

가는 길
오는 길이
충만해진다

매화

2월, 실눈으로 봄을 알린다
추위 속 웅크린 내게
설렘, 향기로운 웃음을 건네준다
눈 속에 피었더라면 설중매일 것을
설중매 속엔 더한 매력도 있었을 것을

봄의 전령 매화
그 겸손을 사랑한다
그 조용함을 흠모한다

무화과나무도 연한 잎을 내면
여름 가까운 줄 아느니,
매화, 네가 피었으니
봄은 왔어라

기도

바라는 것이 많기에 기도가 많다
마음으로 바라는 바가 이루어지기를
소망하는 마음 하나님께 아룀이 기도려니
두 손 모으고 마음 모으면
무슨 기도 제목이 그리 많은지
바라는 무게대로 기도가 줄을 선다

이런 서툰 기도도 들어 주시려나
30여 년을 교회에 몸담았어도
중언부언 더듬거리다 마는 기도
비 오는 날 구역예배 마치고 귀가하는 길
헌금 기도하라는 구역장의 말이 무섭다
믿음이 부족해서 기도가 서툰 것일까
오늘도 더듬거린 기도가 부끄럽다

주룩주룩 비 내리는 성북천을 걸었다

한심한 나의 기도를 어떻게 쌓을 것인가
언제쯤 충만한 기도를 올릴 수 있을 것인가
주여 부족한 나를 기도로 승화시켜 주시옵소서
풀잎처럼 마음까지 흠뻑 젖어 들었다

지원이의 봄날

태어나자마자 두 번의 수술로
가족들을 놀라게 했던 둘째 손녀 윤지원
'하늘이 노랗다'는 뜻을 그때야 알았구나
금식을 할 때면 입을 벌리고
젖을 찾는 네 모습을 보면서
우리 모두는 죄인처럼 마음 졸였다

응급실에 갈 때마다 고막을 찢던 울음소리
아직도 가슴 속에 천둥으로 남아 있다
이제 형벌의 시간은 모두 지나갔다
식구들의 봇물 같은 기도가 너를 살렸다
지금은 어엿한 고등학생이 된 지원이
너는 고난의 길을 지나온 개선장군 같구나

한때는 햄스터를 키우며 사랑을 배웠다
쥐 같은 생김새와 냄새가 싫어

방에서 키우는 걸 말리기도 했지만,
어렸을 적 생각하면 네게 무엇을 말리랴

햄스터의 죽음 앞에 닭똥 같은
눈물로 슬퍼하던 네 모습
생명의 존엄과 사랑의 소중함을 아는
그 마음이 귀하다

훤칠한 키에 어여쁜 얼굴 윤지원
푸른 바다같이 넉넉한 사랑을 품어라
곧은 나무처럼 원대한 꿈을 펼쳐라

고향집 대나무숲

대청마루 뒤란 쪽문을 열면
대나무숲 파란 물결 눈에 잡힌다
작은 바람에도 숨결이 스며들 듯
뺨을 스치는 소슬바람 정겹다

대나무 사이로 돌배나무 세 그루
울안에 선 감나무 고염나무
울타리밖엔 밤나무 아카시아나무들
풀숲에 툭툭 떨어지는 알밤은
소리만 들릴 뿐 다람쥐 몫이다

돗자리 펴고 누워 바라보는 대나무숲
방학 숙제도 즐거웠던 그곳
장독대 옆 백일홍 분꽃 맨드라미
칼국수 썰던 할머니 손길처럼 향기롭다

할머니의 손맛 시원한 가지냉국, 열무김치
70년 전 시골집으로 달리는 마음
댓잎 바람에 연연한 향기를 달고
뭉게구름도 한 뜸 낮잠을 졸다 간다

무에 대한 한 컷의 추억

큰애 가졌을 때
유난히 입덧이 심해
아무것도 입에 댈 수가 없었다

그때 문득 한겨울 할머니와 깎아 먹던
물기 많은 무가 생각났다
한 입 깨물자 무의 시원한 맛이
출렁이던 입덧을 가라앉혀 주었다

그 후 도시락 대신
굵은 무를 싸 가지고 출근했다
무 덕분에 새 기운이 돋았다

사람들은 무가 입맛에 당기면
아들이라 했다
적중했다

응봉산의 봄

봄이 되면
노란색 옷을 갈아입는 응봉산
온 산이 개나리꽃으로 물결친다

오솔길을 따라 오르면
또 하나의 봄꽃처럼
시를 담은 액자들이 색색으로 피어 있다
응봉산을 노래하고 사랑을 노래하고
삶을 노래한 시들

각각의 노래가 어우러져
나무가 되고 풀이 되고 바위가 되고
청설모 맑은 눈빛이 된다

봄이 되면
개나리꽃 날개를 다는 응봉산
사람살이의 온갖 걸음을 펼쳐놓는다

노을빛 추억

고향집 뒷동산은 넓디넓은 잔디 벌
소나무 밤나무 등나무가 둘레를 치고
오랜 무덤들 잔디 아래 잠들어 있다

봉분 위에 올라 뒹굴며 미끄럼을
타던 어린 시절의 추억
아카시아나무 사이로 타오르던 저녁노을은
시시각각 그림 요술을 풀어놓았다

바람과 숲을 들이마시며 뛰논 하루
붉은빛이 흐려지고 어둠살 내리면
기쁨 가득 내일을 약속하며 헤어졌다
찾아 나선 엄마의 다정한 목소리
따뜻한 저녁 밥상이 환하게 불을 밝혔다

지금도 꿈에 나타나는 그때 그 친구들

지는 노을 따라 먼저 간 친구도 있고
멀리 떨어져 사는 친구도 있다
뒷동산 잔디 벌 눈부셨던 그 시절
잊지 못할 노을빛 추억이다

최학용 수필·詩 선집
이런 게 행복

2026년 1월 1일 초판 인쇄
2026년 1월 5일 초판 발행

지은이 / 최학용

발행인 / 강병욱
발행처 / 도서출판 교음사

03147 서울 종로구 삼일대로 457 수운회관 1308호
Tel 02 737-7081, 739-7879Fax
e-mail : gyoeum@daum.net
등록 / 제2007-000052호

* 잘못된 책은 바꿔 드립니다. 값 15,000원

ISBN 978-89-7814-127-7 03810